COMPASS GUIDE

Un Plan Estratégico Para Ponerse Metas A Propósito Con Una Dirección Específica Bendecido Por Dios

Por Dr. Daniel Daves

Libro en Ingles ISBN #978-0-9763521-4-3   Libro en Español ISBN #978-0-9763521-7-4

PDF en Ingles   ISBN #978-0-9763521-5-0   PDF en Español   ISBN #978-0-9763521-9-8

© 2012 Mighty Eagle Publishing. Reservados todos los derechos bajo leyes internacionales. Impreso en los Estados Unidos de América. Contenidos y/o la cubierta no puede ser reproducida en su totalidad o en parte en ninguna forma sin el consentimiento expreso por escrito de la editorial. Si usted esta interesado en los derechos de este libro, póngase en contacto con info@mightyeagle.com o a Mighty Eagle Publishing, P.O. Box 179, Mansfield, TX USA 76063. Si una versión en PDF o Kindle es comprada, el comprador podrá imprimir una copia de trabajo para uso personal y tomar notas. No para ser compartida o re-impresa sin el consentimiento por escrito de la editorial.

*A menos que se indique lo contrario, todas las citas bíblicas son tomadas de la Biblia Reina Valera 1960 y Nueva Versión Internacional de la Biblia.

Publicado por: Mighty Eagle Publishing

P.O. Box 179, Mansfield, TX 76063   Email: info@mightyeagle.com

Web Sites: www.mightyeagle.com   www.doctordanieldaves.com

Dr. Daniel Daves, PhD

¿Quién es Dr. Daniel Daves?

Dr. Daniel Daves es "The Giant Tracker™" (El Rastreador Gigante) y está involucrado en el desarrollo empresarial, educativo y obras filantrópicas internacionales. Habla internacionalmente como un autor y profesional, ayudando a organizaciones y líderes, a romper los ciclos negativos de la pobreza, así como, alineándose correctamente con milagrosos ciclos rítmicos de Dios en la vida, la inversión y el crecimiento. Él entrena a los estudiantes cómo rastrear con éxito los movimientos secretos financieros de los mercados, las industrias, las empresas y los gobiernos. Dr. Daves tiene una maestría en Misionología, Doctorado Ministerial y un PhD en Administración Cristiana, en Logos Christian College y Graduate School, Jacksonville, FL. Él tiene más de 32 años de experiencia en el ministerio y negocio en Estados Unidos y en el campo misionero. Él está casado con su esposa Tracy y tienen dos hijos maravillosos, Ariel & Danny.

Usted puede encontrar más acerca del Dr. Daniel Daves o contactarlo visitando su sitio en internet www.doctordanieldaves.com. Dr. Daves normalmente está disponible para limitados compromisos como orador. Este libro se puede utilizar con un seminario de uno / dos días que Dr. Daves presenta en línea e internacionalmente en persona.

Tabla De Contenidos

1. ¿Está viviendo por accidente o a propósito? — 7
2. El Éxito o el Fracaso - Palabra clave "Obediencia" al plan de Dios — 9
3. Una Vida Tridimensional Que La Mayoría De Las Personas Nunca Encuentra — 12
4. ¿Dónde Se Dirige Su Barco? Metas a Corto, Mediano Y Largo Plazo — 17
5. El Arte De Ver Hacia el Futuro (Porción De "La Administración del Ministerio") — 21
6. Clave: compromiso con la lectura de la Palabra de Dios diariamente — 25
7. Llevando las ocho provincias de su vida bajo el Dominio de Dios — 32
8. Escribiendo, comunicando, y desarrollando los objetivos de su vida — 36
9. Creación de una declaración de 25 palabras "Propósito Principal de Mi Vida" — 38
10. Instrucciones Finales — 46
11. Calendario Para leer la Biblia en un año — 48
12. Páginas De Apuntes Y Espacio Para Metas Personales – Físico — 59
13. Páginas De Apuntes Y Espacio Para Metas Personales - Mental — 87
14. Páginas De Apuntes Y Espacio Para Metas Personales - Espiritual — 115
15. Páginas De Apuntes Y Espacio Para Metas Personales – Social — 143
16. Páginas De Apuntes Y Espacio Para Metas Personales – Educativo — 171
17. Páginas De Apuntes Y Espacio Para Metas Personales – Vocacional — 199
18. Páginas De Apuntes Y Espacio Para Metas Personales – Marital y Familiar — 227
19. Páginas De Apuntes Y Espacio Para Metas Personales – Financiero — 255
20. Veinticinco Palabras "Propósito Enfocado de Mi Vida" — 283
21. Notas Diarias — 284
22. Notas Adicionales — 291

En honor y memoria De Al Hopson

Me gustaría dedicar esto al difunto Al Hopson que ha impactado mi vida cuando era joven. Mientras yo estaba pastoreando un grupo de jóvenes en una pequeña iglesia en Kansas, Al aceptó una invitación para venir a hablar a una pequeña iglesia en el campo. Era dinámico, lleno de vida y pasión, y entregó el mensaje del reino de Dios de una manera nueva que yo pude entender.

Al pasó varios días colocando las bases para mí para que yo pudiera llevar a mi "hombre completo" bajo el reino de Dios. Veinticinco años más tarde, he escrito este manual con actualizaciones, adiciones y modificaciones para filtrar y enfocar el futuro de una persona hacia el éxito divino y eterno. Este plan ha trabajado durante los últimos 25 años en mi propia vida, familia, ministerio, relaciones y proyectos empresariales.

Al Hopson trabajó en Stanford University y era conocido como un "Planificador de Vida". Su risa era contagiosa. Su mensaje era fascinante y lleno de propósito. Su espíritu proyecta la luz del cielo y la vida eterna. Él estaba lleno del amor de Jesús. ¡Gracias Al Hopson por colocar las bases para las próximas dos generaciones delante de ti! Se le ha extrañado desde que murió en 1990.

Sinceramente,

Dr. Daniel Daves

Proverbios 13:22(RVR1960)   El bueno dejará herederos a los hijos de sus hijos; Pero la riqueza del pecador está guardada para el justo.

¿Qué puedo esperar a través de este libro?

Compass Guide es un libro de estudio que se amplía conforme a los días que trabajas en él, y también tus metas, visiones, sueños y talentos se ampliarán con él. Este libro le enseñará la importancia bíblica de fijarse metas. Se le enseñará cómo profundizar y encontrar el diseño premeditado de Dios para su vida. Usted aprenderá la manera de desbloquear su enorme potencial oculto. Y a su vez, tornará ese potencial en una realidad milagrosa a través de los principios de "Filtre y Enfoque", "Vivir Una Vida Tridimensional", "diario constructivo", y pasando su vida a través de los "Fuegos de Dios".

En el plazo de un año de usar este libro viviente, habrás encontrado tu dirección y el enfoque de uno, cinco, diez, veinte y hasta cincuenta años a partir de ahora. La dirección de tu brújula será trazada y su enfoque será más claro.

Con un compromiso sólido con Dios, la lectura de su Santa Biblia, y un registro y fijación de metas diarios, usted entrará a un modo de vida milagrosa de realización, gozo y propósito divinos. Va a lograr más de lo que nunca podría haber imaginado. Usted caminará con Dios como amigos y Él le ayudará a lograr lo imposible. ¡Usted se unirá a las filas de los nobles reyes que toman el potencial y lo tornan en una realidad manifiesta!

¡Bienvenido a "Compass Guide"!

Habacuc 2:2 "Y Jehová me respondió, y dijo: Escribe la visión, y declárala en tablas, para que corra el que leyere en ella".

Capítulo 1
¿Está viviendo por accidente o a propósito?

¡Dios te ha creado a su propia imagen con un maravilloso diseño y a propósito! ¡Qué pensamiento tan maravilloso saber que Dios quiere que nos veamos, actuemos, vivamos y nos movamos al igual que Él lo hace! Él es su Padre Celestial y Él quiere ayudarle a tener éxito en todas las áreas de la vida para las cuales Él le creó. Él es exitoso, creativo, bien informado, y Él tiene un plan. Él tiene principios y vive de las normas y leyes del éxito. Él es perfecto. ¡Él no quiere nada menos que lo mejor para sus hijos, que son la realeza en su reino!

Desafortunadamente, muchas personas están tan desconectadas de su Padre Celestial que están viviendo solo en una sombra de la realidad de Dios que Él tiene para ellos. No conocen su voz, su voluntad o cómo piensa. Por esta razón, muchos morirán y quedarán en el camino de la vida sin haber conocido su verdadera vocación, propósito e identidad. Los cementerios de todo el mundo están llenos de gente que nunca plantaron su semilla, que nunca persiguieron sus sueños, y que perdieron su vida en ciclos sin propósito, sin esperanza, de futilidad y de la falta de productividad. Usted no tiene que perecer como ellos lo hicieron.

Proverbios 29:18 (RVR1960) Sin profecía el pueblo se desenfrena; Mas el que guarda la ley es bienaventurado.

Las estadísticas dicen que un gran porcentaje de la población mundial nunca ha hecho planes para su futuro. Muy pocos tienen metas financieras o cualquier otro tipo de metas para el caso. Algunos fijan metas a corto plazo como perder peso o terminar la universidad. Pero ¿qué pasa con sus objetivos de cinco, diez, veinte o cincuenta años? Para la mayoría, estos objetivos no existen por una variedad de razones que usted va a superar a través de este libro. La mayoría de la gente no entiende la importancia de acercarnos y tener una relación con el Dios todopoderoso para encontrar sus objetivos, propósito y destino en la tierra. En cambio, creen que la suerte, el éxito accidental o ganar la lotería es la única manera en que podemos caer en prosperidad. Por lo tanto, desperdician sus vidas y toman las ideas y planes de Dios y los llevan a una muerte prematura.

Jeremías 29:11-13 (RVR1960) Porque yo sé los pensamientos que tengo acerca de vosotros, dice Jehová, pensamientos de paz, y no de mal, para daros el fin que esperáis. Entonces me invocaréis, y vendréis y oraréis a mí, y yo os oiré; y me buscaréis y me hallaréis, porque me buscaréis de todo vuestro corazón.

Dios cree que las metas son importantes. Él ha escrito la historia (su historia) en la Santa Biblia como libro de texto para la vida. Podemos llegar a conocerlo, conocer sus caminos y pensamientos eternos, y aprender de la manera en que piensa, actúa y planea. Es cierto que Él es el que fija las metas, Él hace planes, y Él comparte sus ideas. Él le conocía desde antes de que le formara, y Él le trajo a la tierra con un propósito muy especial.

Jeremías 1:4-5 (RVR1960) Vino, pues, palabra de Jehová a mí, diciendo: Antes que te formase en el vientre te conocí, y antes que nacieses te santifiqué, te di por profeta a las naciones.

Dios cree en la consejería y la planificación. Él cree en asesores y miembros del equipo. Dios también cree en el éxito, y Él quiere que usted tenga éxito en todos los ámbitos de la vida.

Proverbios 15:22 (RVR1960) Los pensamientos son frustrados donde no hay consejo; Mas en la multitud de consejeros se afirman.

Mucha gente tiene un montón de ideas de cómo prosperar, cómo construir su vida, y cómo hacer casi todo lo que quieran hacer. Sin embargo, Dios quiere que confíes en Él en primer lugar, y que aprendamos de Él a fin de cumplir con nuestra vida en la tierra. Esta es la mejor manera de vivir con propósito divino y valor eterno. Esta es la única manera de agradar a Dios y poder tener éxito con honestidad y eternamente.

Salmos 37:3-6 (RVR1960) Confía en Jehová, y haz el bien; y habitarás en la tierra, y te apacentarás de la verdad. Deléitate asimismo en Jehová, y él te concederá las peticiones de tu corazón. Encomienda a Jehová tu camino, y confía en él; y él hará. Exhibirá tu justicia como la luz y tu derecho como el mediodía.

Dios también cree que es importante que anote su visión, sus planes y sus objetivos. Hay algo acerca de escribirlo y dejarlo visible. Una ley celestial se pone en marcha cuando una persona escribe correctamente la visión de Dios para sus vidas. El cielo y la tierra entran en un acuerdo y la fuerza del Cielo el poder, y los recursos estén disponibles en la tierra a la persona que escribe su visión y metas de la manera adecuada. Este libro va a ayudarle a escribir su visión, las metas y prioridades.

Habacuc 2:2-3 (RVR1960) Y Jehová me respondió, y dijo: Escribe la visión, y declárala en tablas, para que corra el que leyere en ella. Aunque la visión tardará aún por un tiempo, mas se apresura hacia el fin, y no mentirá; aunque tardare, espéralo, porque sin duda vendrá, no tardará.

Salmos 119:105 (RVR1960)
Lámpara es a mis pies tu palabra, Y lumbrera a mi camino.

Notas del Seminario para el Capítulo 1:

Capítulo 2
El Éxito o El Fracaso - Palabra Clave "Obediencia" Al Plan De Dios

Dios tiene un destino para usted que se había propuesto en su mente desde antes de que tú nacieras. Él le trajo a esta tierra en este momento por este propósito. Esto depende de que usted lo encuentres, decida seguirlo, se someta, corra tras ello, y decida cumplirlo. Dios le ayudará, pero no lo hará por usted mientras se enfoca en otras cosas. ¿Por qué Él le hace buscar, encontrar y perseguir su propósito y las instrucciones? Es parte de su entrenamiento como un hijo, un rey y un miembro de su familia real. Este  entrenamiento le enseñará a encontrar todos los secretos de Dios y los tesoros escondidos en el cielo y en la tierra.

Muchas personas son muy testarudas y rebeldes al elegir el plan de Dios para sus vidas, porque están llenos de orgullo, arrogancia, y llenos de un propósito falso y están generalmente desconectados de una verdadera relación con Dios. Este tipo de personas necesitan quemarse, fracasar miserablemente, tocar fondo antes de que miren hacia arriba, encuentren a Dios, y elijan su plan para sus vidas. Estas personas están a nuestro alrededor, y se encuentran en diversas etapas de encontrar o negar su verdadera identidad y su destino. La buena noticia para usted es que usted está buscando su plan y usted tiene un manual que le ayudará a encontrar ese plan. Les puedo asegurar que va a encontrar su plan dentro de usted. El código esta dentro de su corazón. Este manual le ayudará a descifrar el código y revelar Su plan para su vida. ¡Usted no estará decepcionado! Va a encontrar la alegría, la paz, la emoción y la verdad cuando se desarrolla el plan milagrosamente en su vida.

Una Nota Del Autor, Dr. Daniel Daves: "Yo era tonto arrogante y orgulloso y tenía mis propios planes y estaba decidido a cumplir mis deseos como un adolescente. Sólo tomó 18 años para que arruinara totalmente mi vida y llegar a la total destrucción, adicción a las drogas y al alcohol y terminara en la cárcel. Finalmente estaba por los suelos sin una relación con Dios, un fracaso y un pecador. Fue entonces cuando llamé a Dios, que se inclinó con una mano de misericordia y me rescató. Ahora vivo para Él y darme cuenta de que su divina voluntad es la que siempre debo elegir para la nueva vida que me ha dado en Cristo ".– Dr. Daniel Daves

Salmos 40:1-3 (RVR1960) Pacientemente esperé a Jehová Y se inclinó a mí, y oyó mi clamor. Y me hizo sacar del pozo de la desesperación, del lodo cenagoso; Puso mis pies sobre peña, y enderezó mis pasos. Puso luego en mi boca cántico nuevo, alabanza a nuestro Dios. Verán esto muchos, y temerán, Y confiarán en Jehová.

Una vez que una persona se somete a Dios y comienza a buscarlo con todo el corazón, pronto se dará cuenta de que la voluntad de Dios es que la salvación de Jesucristo renueve y restaure a la humanidad al propósito verdadero de Dios. Sin la salvación de Jesucristo y el poder del Espíritu Santo Dios moviéndose en la vida de una persona, no hay esperanza para que la honesta y eterna voluntad de Dios se cumpla en la vida de una persona.

2 Pedro 3:9 (RVR1960) El Señor no retarda su promesa, según algunos la tienen por tardanza, sino que es paciente para con nosotros, no queriendo que ninguno perezca, sino que todos procedan al arrepentimiento.

Una vez que el fundamento de la muerte de Cristo, sepultura y resurrección está correctamente colocado en el corazón de una persona, entonces la casa puede ser construida correctamente. Pero la vida nueva que viene de recibir a Jesucristo como Señor y Salvador es el primer paso absoluto. Sin esta base, todo lo demás fallará en el futuro. Pero si una persona se construye sobre este cimiento correctamente, el resultado será una vida sólida como una roca que pasa todas las pruebas de la vida, y que se convierte en una bendición de Dios y el hombre.

1 Corintios 3:11(RVR1960) Porque nadie puede poner otro fundamento que el que está puesto, el cual es Jesucristo.

Este libro está asumiendo que usted tiene las bases de Cristo en su vida, y que su vida y su compromiso son ante todo con Dios y Su manera de construir tu vida. Con la fundamento de Cristo, vamos a empezar a construir.

Hay un dicho antiguo que dice: "Cuando el alumno está listo, aparece el maestro." Esta declaración profunda se puede utilizar en cualquier situación humana. Una persona tiene que tener hambre de Dios, sed de justicia, ser humilde y pobre de espíritu, sabiendo que él o ella no es nada sin el plan milagroso de Dios en su vida. Es cuando el discípulo está listo que nuestro maestro, el Espíritu Santo poderoso, aparecerá. ¿Está listo?

Dios quiere que usted tenga la visión, revelación, percepción y entendimiento especial, y Él quiere que usted camine en su vida sobrenaturalmente, y que sea diferente de los demás. Usted va a recibir instrucción para siempre del libro de sabiduría de Dios, la Santa Biblia. Usted va a escuchar su voz dirigiéndolo. Usted va a comenzar a activar deseos de su corazón y sus sueños con el fin de perseguirlos y cumplirlos. Usted va a ser diferente a los demás. Mientras se consumen sin saber su rumbo, las falsas esperanzas y los sueños inútiles, usted estará apuntando a su verdadero destino. Mientras ellos pierden su tiempo y energía en la próxima fiesta o la función social que viene, usted estará apuntando a su verdadero destino. Usted va a vivir, moverse y tener su ser "alrededor de su propósito". Va a crear sus sitios, sus metas y sus intereses de una manera que su familia, amigos y compañeros de trabajo pueden no entender o apreciar. Pero va a dirigir el camino hacia el éxito y la prosperidad, y otras personas eventualmente notarán el cambio y empezar a hacer preguntas, ¡mientras ven el Reino de Dios que trabaja con usted para realizar milagros! Este estilo de vida no será nada menos que increíble. Contará con golpes, tropiezos y obstáculos. Pero Dios le enseñará y lo educará a través de todos ellos. Va a vencer al mundo y aprender a mover montañas.

Salmos 34:19-20 (RVR1960) Muchas son las aflicciones del justo, Pero de todas ellas le librará Jehová. El guarda todos sus huesos; Ni uno de ellos será quebrantado.

Dios creó a Adán y le dio instrucciones para su vida y el jardín.

Dios le dio a Noé un conjunto multi-década largo y detallado de instrucciones de cómo seguir el plan divino de Dios en el futuro, salvando a los miembros de su propia familia en el proceso.

Dios le dio a Moisés instrucciones detalladas sobre cómo liberar a Israel de sus amos severos y Faraón.

Dios le mostró a Moisés los detalles de su pacto con Israel y Moisés talló los detalles de los Diez Mandamientos en piedra.

Dios le mostró a Moisés en detalle cómo construir el Arca del Pacto y de todas las piezas del Tabernáculo.

Dios le dio a Josué conocimiento y la instrucción diaria detallada sobre la forma de liberar la tierra de los gigantes y establecer a Israel en la tierra prometida.

Dios le dio al rey David instrucciones específicas sobre cómo derrotar al enemigo y construir un reino exitoso.

Dios le dio a Salomón profunda sabiduría para gobernar al pueblo y convertirse en el rey más rico de toda la historia.

Dios le dio a Jesús los planes detallados y la sabiduría para caminar sobre la tierra como un hombre y cumplir su propósito divino de ir a una muerte horrible, cruel en una cruz, una vez para toda la humanidad.

Dios es el Rey de la instrucción y bendición. Si Él dio instrucciones a estas personas, Él también lo hará por usted. Pero hay una forma correcta de aprender su instrucción y una manera incorrecta. Este libro está en condiciones de poder ayudarlo a ser más exitoso de lo que jamás hubiera imaginado. Vamos a hablar de los secretos del éxito en el próximo capítulo.

Notas del Seminario para el Capitulo 2

Habacuc 2:2 "Y Jehová me respondió, y dijo: Escribe la visión, y declárala en tablas, para que corra el que leyere en ella".

Capítulo 3
Una Vida Tridimensional Que La Mayoría De Las Personas Nunca Encuentran

Hay tres dimensiones en su vida que Dios quiere que usted conozca y se beneficie de eso. Sin embargo, nunca la mayoría de las personas aprovechan otra dimensión más allá de la primera. Por lo tanto, ellos no se realizan y nunca cumplen sus esperanzas, deseos y sueños. Ellos se quedan en la primera dimensión y sufren de pobreza y carencia. Su esperanza es diferida y su corazón se enferma. Sus sueños se desvanecen con el tiempo y su vela se apaga. ¡Muchos se quedan en la primera dimensión y mueren sin haber su tierra prometida!

Dimensión #1: NECESIDAD

Dimensión #2: DESEO

Dimensión #3: EL SUEÑO

Dimensión Uno: NECESIDAD

Filipenses 4:19(RVR1960) Mi Dios, pues, suplirá todo lo que os falta conforme a sus riquezas en gloria en Cristo Jesús.

Una de las cualidades poderosas de la vida con Dios es que Él se suple sus necesidades. Él es todopoderoso y cubre las necesidades que ninguna institución humana nunca podría cubrir. No hay una estructura en la tierra con la capacidad de alimentar a todos los animales en el planeta durante un solo día. Sin embargo, Dios los alimenta todos los días. También lo alimenta y lo viste a usted.

Mateo 6:25-33 (RVR1960) Por tanto os digo: No os afanéis por vuestra vida, qué habéis de comer o qué habéis de beber; ni por vuestro cuerpo, qué habéis de vestir. ¿No es la vida más que el alimento, y el cuerpo más que el vestido? Mirad las aves del cielo, que no siembran, ni siegan, ni recogen en graneros; y vuestro Padre celestial las alimenta. ¿No valéis vosotros mucho más que ellas? ¿Y quién de vosotros podrá, por mucho que se afane, añadir a su estatura un codo? Y por el vestido, ¿por qué os afanáis? Considerad los lirios del campo, cómo crecen: no trabajan ni hilan; pero os digo, que ni aun Salomón con toda su gloria se vistió así como uno de ellos. Y si la hierba del campo que hoy es, y mañana se echa en el horno, Dios la viste así, ¿no hará mucho más a vosotros, hombres de poca fe? No os afanéis, pues, diciendo: ¿Qué comeremos, o qué beberemos, o qué vestiremos? Porque los gentiles buscan todas estas cosas; pero vuestro Padre celestial sabe que tenéis necesidad de todas estas cosas. ***Mas buscad primeramente el reino de Dios y su justicia, y todas estas cosas os serán añadidas.***

Dios es el maestro de satisfacer las necesidades de su creación. Incluso se nos dice que debemos orar para que Él satisfaga esas necesidades

Mateo 6:9-11 (RVR1960) Vosotros, pues, oraréis así: Padre nuestro que estás en los cielos, santificado sea tu nombre. Venga tu reino. Hágase tu voluntad, como en el cielo, así también en la tierra. **El pan nuestro de cada día, dánoslo hoy.**

La "Dimensión Uno" se trata de satisfacer todas las necesidades. Cuando usted tiene una necesidad de algo, usted puede orar y pedirle a Dios. Él le ayudará a obtener lo que necesita. Él también te utilizará para ayudar a satisfacer las necesidades de los demás como darle a los pobres, a las viudas y a los huérfanos, e ir a importantes viajes misioneros a otros países lejanos donde la gente está pidiendo que Dios satisfaga sus necesidades.

Una vez que una persona nace de nuevo, van a empezar a ver el amor de Dios en acción, como Él les ayuda en sus enfermedades, conoce sus necesidades y cura sus enfermedades a través de muchas maneras diferentes. Es una cosa maravillosa tener la "Dimensión Uno" en funcionamiento en su vida. Sin embargo, la Dimensión Uno nunca puede traerte a los deseos de su corazón, ni puede ayudarte a alcanzar tus sueños. Estas son otras dos dimensiones que Dios quiere que tú persigas.

Hay una diferencia entre las necesidades y deseos. No se puede utilizar la "Dimensión Uno" para llevarte a la "Dimensión Dos". No se pueden aplicar las promesas de Dios para satisfacer sus necesidades, y esperar que esas promesas concedan las peticiones de tu corazón. Vas a tener que entrar en "Dimensión Dos" y encontrar un nuevo conjunto de promesas, principios y leyes para que te traiga los deseos de su corazón.

Más adelante en este libro, usted va a ir escribiendo los objetivos de su vida. No se permita a si mismo escribir solamente las metas en la "Dimensión Uno". Dios va a satisfacer sus necesidades. Pero Él quiere que usted salte a la "Dimensión Dos" y "Dimensión Tres" para el cumplimiento de sus objetivos y su visión. Mientras que algunos de los objetivos o metas de la lista puedan ser de la "Dimensión Uno", planifique para saltar a la "Dimensión Dos" y "Dimensión Tres".

Dimensión Dos: DESEO

Salmos 37:4-6 (RVR1960) Deléitate asimismo en Jehová, ***Y él te concederá las peticiones de tu corazón****. Encomienda a Jehová tu camino ,Y confía en él; y él hará. Exhibirá tu justicia como la luz, Y tu derecho como el mediodía.*

Hay una gran diferencia entre necesidades y deseos. Al igual que una persona necesita para estar saludable verduras, se puede DESEAR un poco de helado o pastel de chocolate de vez en cuando. Muchas personas necesitan un carro para ir a trabajar, pero lo que realmente quieren es un cierto estilo, marca y modelo del carro. Esta es la diferencia entre necesidad y deseo. La Biblia declara que Dios quiere concederte las peticiones de tu corazón. Hay una razón por la que te gustan ciertas cosas. Dios construyó esos deseos dentro de ti para que los persiguieras. Si bien hay un montón de cosas que necesitamos, tenemos ciertos deseos que cobran vida cuando vemos, probamos, olemos, tocamos y oímos. Nos gusta un cierto de música determinado, ciertos alimentos y bebidas, ciertos olores, lugares de interés y ciertos lugares para visitar. Este fenómeno es lo que hace que cada uno de nosotros seamos únicos, al igual que una huella dactilar.

Dios quiere darle todos los deseos de su vida bajo el control de sí mismo. La rebelión fuera de control, la emoción, o el hábito es muy destructivo para el propósito que Dios tiene para ti. Por lo tanto, Salmos 37 dice que "Deléitate en el Señor." Meterse en su vida, Su plan, y Su reino. Obliga cualquier rebelión, emoción fuera de control o hábito bajo el dominio de su Reino. Al hacer esto y desarrollar un estilo de vida para mantenerte puro, verás a Dios como Él te da las peticiones de tu corazón. Dominio propio es la clave de la "Dimensión Dos". Un estilo de vida de moderación y el autocontrol es la clave secreta para que la "Dimensión Dos" sea desbloqueada en su vida.

Imagine que Dios LE CONCEDIERA las peticiones de tu corazón. ¡Ahora estamos hablando de DIVERSIÓN! Este es el lugar que nunca la mayoría de la gente llega a porque son perezosos, desenfrenados, indisciplinados e impíos. Ellos nunca experimentan la (Dimensión Dos) y nunca han cumplido nada en su vida. Nunca fijan metas, y no tienen ningún objetivo al cual disparar. Nunca "planean" encontrar la (Dimensión Dos) y sin duda nunca la va a encontrar. Mientras que muchas personas son sólo una forma de vida lejos de cambiar a una nueva dimensión milagrosa, muchos nunca van a dar un paso adelante para convertirse en un discípulo, un disciplinado, y que no se deleitan en el Señor como Salmos 37 nos dice.

Como parte de sus objetivos y la visión, planee superar los malos hábitos, disciplinarse y dejar de vivir perezosamente fuera de la Dimensión Uno. Pídale a Dios que le ayude a superar los viejos hábitos carnales. Pídale que le muestre cómo deleitarse en EL, para que pueda vivir en la Dimensión Dos

Si bien esta es una dimensión impresionante que pocos encuentran, esto no es la última dimensión que usted va a poder disfrutar. Hay una dimensión más. Aún menos gente va a encontrar esta dimensión, ya que requiere una total renovación. ¡A este cambio extremo es al que usted se dirige con el presente libro! ¡Dimensión Tres es su objetivo!

Dimensión Tres: EL SUEÑO

*Efesios 3:20-21 (RVR1960) Y a Aquel que es poderoso para hacer todas las cosas **mucho más abundantemente de lo que pedimos o entendemos,** según el poder que actúa en nosotros, a él sea gloria en la iglesia en Cristo Jesús por todas las edades, por los siglos de los siglos. Amén.*

"Dimensión Tres" Es la tierra soñada. Este es el lugar donde sólo unos pocos encuentran durante sus vidas. Esta es la culminación final y el destino. Pablo dijo, *"He peleado la buena batalla, he acabado la carrera, he guardado la fe." (2 Tim4:7)*. Acabado el curso en fe le llevará al sueño, o a la tierra soñada.

¿Alguna vez has oído a alguien decir de su trabajo: "Yo no puedo creer que me pagan por hacer este trabajo. ¡Me encanta hacer esto tanto que yo lo haría de forma gratuita si se negaran a pagar!" Esta gente tiene entusiasmo y celo en ellos, y está proyectando alegría, poder y plenitud donde quiera que vayan. Estas personas han encontrado su sueño, o al menos una parte de ella. Dios desea que usted tenga esto en su vida también.

Hay muchos obstáculos para vivir EL SUEÑO. Algunos son puestos intencionalmente por Dios para educar y desarrollar la fuerza en su vida. Los que viven en la tierra del sueño tendrán que luchar para permanecer allí. La tierra soñada de Israel era la tierra prometida (Canaán), la cual estaba llena de gigantes. No sólo Israel tenía que matar a todos y tomar su territorio, sino que tenían que aprender a vivir con éxito en esta nueva dimensión de los gigantes. Entrenamiento sería necesario, así como la adherencia extrema al plan de Dios y de Su voz. Tendrían que dejar su vida y dejar de pensar que son esclavos, y empezar a caminar y vivir como reyes y conquistadores. Se requeriría una total renovación. Por desgracia, la primera generación Israelita no podía aferrarse a la "Dimensión Tres". Tropezaron en la "Dimensión Uno" durante cuarenta años, hasta que murieron en el desierto sin cumplirse su meta. Pero sus descendientes se levantaron en el desierto para apoderarse de la "Dimensión Tres". Esta generación realmente cree que esta larga y esperada promesa de Dios era para ellos. Ellos creían que su Dios era lo suficientemente grande para darles la tierra que El prometió durante siglos a su pueblo. Ellos activaron su fe y empezaron a pensar como reyes en lugar de esclavos, y se apoderaron de la tierra con la guía, la enseñanza, el liderazgo y la ayuda de Dios.

¿Recuerda cuando Israel cruzó a la tierra prometida, mientras se preparaban para apoderarse de sus sueños? Ellos fueron circuncidados, pasaron por un intenso dolor, y se les ordenó que escucharan cada palabra que habló Josué. Ellos harían actividades aparentemente sin sentido como marchar alrededor de la ciudad durante siete días. Ellos iban a tocar trompetas. Ellos cerraron la boca hasta que llegó el momento de hablar. Ellos aprendieron a obedecer y cuando la desobediencia apareció, la nación entera perdió su capacidad de vivir en la tierra prometida. Acán desobedeció a Dios y esto afectó a toda la nación. Muchos de los israelitas murieron en la batalla de Hai por causa de la desobediencia de Acán.

Usted va a aprender a través de este libro a traer cada área de su vida bajo el dominio del Reino de Dios. Hablaremos acerca de esto más adelante. Si usted tiene éxito al final del entrenamiento dado por este libro, usted comenzará a ver y vivir en la "Dimensión Tres". No va a ser fácil cruzar hasta llegar a él, ¡pero valdrá la pena! El solo ver esta dimensión es algo muy poderoso. Pero para entrar es, literalmente, un "¡Sueño Hecho Realidad!" Dios te dará un sueño. Y Él te ayudará a perseguirlo. Con fe y perseverancia, ¡vas a dar un paso hacia eso y vas a heredar ese sueño!

La "Dimensión Tres" es la tierra soñada. Todo el mundo tiene un sueño en algún momento de sus vidas, pero el conflicto, la pereza o la falta de formación puede extinguir el sueño y bloquear a una persona de nuevo en la "Dimensión Uno". Pero la tierra soñada es la tierra de la herencia. Aquí se puede heredar campos maduros que tú no plantaste y vivir en casas que no tuviste que construir. Usted se convertirá en un heredero de las tierras, negocios, propiedades, ministerios, y usted comenzará a heredar el Reino de Dios, aprendiendo a gobernar como un rey. Amarás tu vida, la familia, la carrera y sus alrededores tanto que la gente a su alrededor se dará cuenta de que usted está viviendo en la "Dimensión Tres", su tierra soñada.

Este libro le ayudará a distinguir e identificar los "Ladrones de Sueños ", que están a su alrededor. Con buenas intenciones, desde miembros de la familia hasta sus amigos y socios de negocios, los ladrones de sueños pueden estar a su alrededor. Identificar su propósito fundamental en la vida y establecer sus metas le ayudarán a filtrar los ladrones de sueños y mantenerlos lejos de usted. Los ladrones de sueños han venido a halarte fuera de curso, para tratar de intimidar y reducir su fe hacia su visión y sueños. La mayoría de las veces, no se dan cuenta de que están trabajando en contra de usted. Sólo están operando bajo el espíritu malo de la pobreza y la carencia.

Pablo identifica a los ladrones de sueños, como él señala, los que están dentro y fuera de la iglesia que viven como enemigos de la cruz. Incluso pueden nacer de nuevo, pero en sus acciones, los antojos y deseos, los hace ser enemigos de la tierra soñada.

Filipenses 3:18-19 (RVR1960) Porque por ahí andan muchos, de los cuales os dije muchas veces, y aun ahora lo digo llorando, que son enemigos de la cruz de Cristo; el fin de los cuales será perdición, cuyo dios es el vientre, y cuya gloria es su vergüenza; que sólo piensan en lo terrenal.

Usted identificará estos ladrones de sueños rápidamente a medida que avanza hacia adelante con este libro. Dios quiere que persigas el sueño, y que identifiques a los ladrones de sueños rápidamente. ¿Puedes pensar en algún ladrón de sueños que se opone contra usted en este momento? Escriba esos ladrones de sueños obvios que actualmente reconoce.

Notas del Seminario para el Capítulo 3

Habacuc 2:2 "Y Jehová me respondió, y dijo: Escribe la visión, y declárala en tablas, para que corra el que leyere en ella".

Capítulo 4

¿Dónde Se Dirige Su Barco? Metas a Corto, Mediano Y Largo Plazo

Imagínese que su familia va camino a un crucero de una semana al Caribe. Al llegar al puerto, te sientas en una reunión con el capitán de su barco. Parece un capitán porque él está usando el uniforme. Sin embargo, cuando empieza a hablar, él revela algunos datos sorprendentes de gran preocupación para usted y su familia.

"Hola señoras y señores, y bienvenidos a bordo. Yo soy su capitán, Jonathan TomadordeRiesgo. Yo seré su líder en este viaje de siete a nueve días. Una vez que tengamos a todos a bordo, estaremos zarpando desde el puerto. Esperamos poder estar en altamar al atardecer, pero no hay garantías. Sé que el folleto decía que verían la puesta del sol desde el mar, pero el equipo se le olvido algunas cosas para el viaje y se podría demorar en cargarlas para esta tarde. Vamos a ver qué podemos hacer. Ahora, el Caribe está lleno de islas maravillosas, y vamos a tratar de llegar a al menos tres de ellas esta semana. Si tenemos tiempo, vamos a ir a cuatro islas. No estoy seguro a cuál vamos a llegar primero, ya que no tengo un mapa en este viaje. Vamos a confiar en las estrellas para nuestra dirección por la noche, y vamos a utilizar el sol durante el día. Por favor, oren para que no haya nubes esta semana durante nuestro viaje por la noche. Por cierto, ¿alguien ha oído el informe del tiempo para la semana en el Caribe? Por favor, disfruten y tengan un gran crucero con nosotros esta semana. Haremos nuestro mejor esfuerzo para estar de vuelta en este puerto de siete a nueve días. Si nos agarra demasiado tarde, nos encontraremos con otro muelle para terminar el crucero en algún lugar a lo largo de esta costa. ¡Gracias por navegar con nosotros!"

Ahora bien, si usted es inteligente, usted no va a tomar este crucero. Este capitán no está preparado, no ha planeado, y ni siquiera tiene un mapa o direcciones. Este crucero se dirige al desastre, y usted no va a querer estar cerca de este viaje fallido, o su capitán.

¡El capitán que no establece un objetivo para su barco seguramente no lo alcanzará! ¡Nadie llega a un objetivo que no ha fijado!

La mayoría de nosotros nunca iría a un crucero con un capitán como este. Sin embargo, la mayoría de nosotros trabajamos en puestos de trabajo alrededor de las personas que navegan en barcos, justo como este capitán. Vamos a la escuela con ellos, a trabajar con ellos, vivimos con ellos y vamos a la iglesia con ellos. Muchos de nosotros sirven bajo líderes de iglesia que no tienen ninguna visión o propósito. Recuerde, si usted está sirviendo en su iglesia, o dando su tiempo, talento, habilidad y futuro en programas, empresas o ministerios como este, usted es un viajero en su nave. Ellos son el capitán y usted va donde ellos van. ¿Está seguro que quiere ir adonde ellos van? Si no tienen planes reales, visión, objetivos o programa, están absolutamente muertos en el agua. Y usted va a estar muerto en el agua con ellos. Usted tal vez quiera reconsiderar a quién está siguiendo, trabajando, o dando su vida. Una persona nunca puede ir más allá de su capitán. Tal vez usted necesita obtener otro capitán y encontrar otro barco. Cuando está en el autobús de otro hombre, usted va a ir donde lo estén llevando. Asegúrese de que él va a dónde usted va.

Es de vital importancia que usted se someta a la orden de Dios para tener metas, visión y planes por escrito. No pierda ni un día más sin perseguir este tipo de vida. Y no pierda su tiempo sirviendo gente que no lo lleva a ninguna parte.

Todo el mundo necesita metas a corto, mediano y largo plazo. Necesitamos metas diarias con el fin de medir la creatividad cotidiana. Necesitamos metas semanales, mensuales y anuales. Necesitamos un plan de cinco, diez, veinte, y cincuenta años. La construcción de este plan le obligará a profundizarse en su vida, en el corazón, los deseos y los sueños. Usted será conducido a hablar con Dios acerca del futuro y a presionar en su sabiduría y dirección para su vida. No es fácil, pero vale la pena. El éxito no es fácil, y nada eterno es fácil. Nada de lo eterno sucederá sin planificación. Este libro le enseñará cómo desarrollar planes a corto, mediano y largo plazo para su vida.

FILTRAR Y ENFOCAR

Un conjunto detallado de sus objetivos y planes le ayudará a FILTRAR y ENFOCAR. Estas son dos de las palabras más importantes que tendrá que conocer y utilizar en la planificación y desarrollo.

1 Filtre todas las cosas no rentables de su vida que roban su atención, su fuerza y su capacidad para lograr sus metas. Aproveche y restrínjase usted mismo lejos de obras sin fruto, las actividades pecaminosas, relaciones sin sentido, y todo lo que le resta de su vida con Dios y su propósito divino en la tierra.

2 Enfóquese en lo que es importante, no en lo que es urgente. Urgencias siempre vendrán. Sin embargo, su enfoque debe ser agudo y serio, como la mirada de un águila. Establezca sus ojos en su plan a corto, mediano y largo plazo y no se distraiga. Permanezca solamente, con su mirada puesta en el centro de las metas a corto, mediano y largo plazo y los objetivos que Dios le ayudará a construir para su vida. Con enfoque, usted tendrá éxito y encontrará un camino. Con Enfoque usted va a superar cualquier montaña y va a caminar en lo milagroso.

FILTRAR y ENFOCAR sólo funcionará si se construye correctamente a través de la fijación de metas y establecer la visión.

Una vida llena de propósito no sucede por casualidad o accidente. Y una persona no tiene suerte a propósito. Sin embargo, la mala suerte, la pobreza, los problemas y la maldición vienen sobre las personas que no se disciplinan para filtrar, y enfocar, establecer la visión y fijar metas divinamente inspiradas. Hoy, usted comenzará un viaje de FILTRAR y ENFOCAR.

Hay un dicho que dice: "Son las zorros los que echan a perder la viña." Esto es tan cierto como que todos tenemos cosas no rentables en nuestras vidas que nos distraen de la realidad, de lo que es importante, y de nuestros verdaderos objetivos y propósitos. Algunas personas están tan irremediablemente difusas de la realidad que pasan el 90% de su vida haciendo cosas que servirán para nada. Pasan menos del 10% de su vida haciendo lo que es importante, eterno, y dirigido hacia sus metas. Muchas personas responden a las urgencias en lugar de lo que es importante. Pero una persona que es disciplinada sabe que él o ella debe hacer lo que es importante, no lo que es urgente. Son las urgencias del día que le roban su visión, sus logros, y tu propósito en la vida. Haz lo que es importante. Filtre todas las cosas que no son rentables en su vida que le estén deteniendo, robando su tiempo, y su propósito. ¡Filtre, Filtre, Filtre!

El enfoque es importante. No sólo hay que centrarse en lo que es importante, pero debemos Enfocarnos en las cosas correctas. He aquí una breve historia de www.goal-setting-for-success.com:

EL PODER DE ENFOQUE: La mayoría de nosotros nunca realmente se centra porque no conocemos el poder del enfoque. Constantemente siento una especie de caos psíquico irritante porque seguimos tratando de pensar en demasiadas cosas a la vez. Siempre hay mucho allá arriba en la pantalla.

Hubo una interesante charla motivacional sobre este tema dado por el ex entrenador de los Dallas Cowboys, Jimmy Johnson a sus jugadores de fútbol:

"Les dije que si les pongo un tablón de dos por cuatro a través de la habitación, todo el mundo caminaría a través de ella y no se caería, porque nuestro enfoque sería que íbamos a caminar sobre esa tabla de dos por cuatro. Pero si pongo la misma tablón de dos por cuatro a 10 pisos de altura entre dos edificios sólo unos pocos llegarían al otro extremo, porque la atención se centraría en no caer. El Enfoque es todo. El equipo que está más centrado hoy es el equipo que va a ganar este partido."

Johnson le dijo a su equipo que no se distrajeran por la multitud, los medios de comunicación, o la posibilidad de perder, sino concentrarse en cada jugada del juego en sí, como si se tratara de una sesión de buenas prácticas.

Los Cowboys ganaron ese juego 52-17.

Enfocarse requiere disciplina. Si usted puede traer sus pensamientos, su tiempo y su atención enfocados en un plan direccional, ¡usted cortará a través de la oposición como un rayo láser! Una lupa puede enfocar la energía del sol a un punto donde la luz solar normal puede quemar madera, fundir el vidrio e incluso derretir la roca cuando se enfoca correctamente. Su enfoque en sus objetivos y dirección creará la misma intensidad, la pasión y la capacidad de quemar a través de cualquier oposición que se interponga en su camino.

Si usted se centra en los problemas, la montaña en frente de usted, o su oposición, le hará más fuerte en esa área que está recibiendo su atención. Pero si se centra en sus metas, hará más fuertes esos objetivos y pondrá una gran energía y fuerza a esas metas. Es simplemente increíble, y es verdad.

¡FILTRAR Y ENFOCAR!

Notas del Seminario para el Capítulo 4

Habacuc 2:2 "Y Jehová me respondió, y dijo: Escribe la visión, y declárala en tablas, para que corra el que leyere en ella".

Capítulo 5
El Arte De Enfocarse En El Futuro

Aquí hay un extracto de un capítulo de mi libro, "La Administración del Ministerio en cuanto a enfocarse en el futuro y el desarrollo de un plan a largo plazo, modificado para este libro".

Enfoque en Futuro

DESARROLLANDO Y TRABAJANDO EL PLAN A LARGO PLAZO

Es de vital importancia tener metas personales a largo plazo, así como metas para la iglesia / ministerio / negocio / metas profesionales a largo plazo. Debemos trabajar nuestra visión y propósito cada día. La repetición y la concentración son las claves del éxito en el ministerio de Dios, los negocios y cualquier esfuerzo que usted ponga las manos y el tiempo de hacerlo. Sin embargo, si no nos enfocamos en el futuro o mantenemos nuestros ojos en el horizonte con los objetivos a largo plazo en mente, podemos perder de vista el verdadero propósito de nuestro ministerio, negocio, trabajo, familia, etc. Conozco a muchas personas que han perdido 5 - 10 años de su vida (o más) porque no pudieron mirar hacia su futuro. Estaban tan ocupados construyendo la carretera todos los días que nunca miraron hacia adelante para ver si la estaban construyendo recta. Y la construyeron hacia un callejón sin salida.

Tal vez usted esté muy ocupado con sus cosas diarias y su agenda puede estar establecida hasta el siguiente año con su computadora dándole avisos de todo lo que tiene que hacer. Es posible que tenga establecida su rutina para todos los días por el resto de su vida, y eso es importante. Sin embargo, si usted no tiene todo el cuadro en mente mientras hace estas cosas, lo más seguro es que va a construir fuera de curso y fuera de su verdadero destino.

Establecer su visión es de suma importancia para llegar a su destino o a su destino. ¿Dónde planea estar en 20 años? ¿Qué metas, deseos y sueños piensa haber logrado para entonces? ¿Cuáles son algunas de las cosas asombrosas que usted desea lograr en los próximos 20 años de planificación? Tenga estas cosas delante de usted y piense en eso al menos una vez por semana.

Su rutina diaria y semanal de trabajo, negocio o ministerio TIENE que ser para construir sus metas personales, familiares y objetivos de negocio de 20 y 50 años. Si no, entonces usted estará construyendo hacia un callejón sin salida. Habrá un día en que va a despertar y darse cuenta de que su vida está llegando a su fin y que están muy lejos de su objetivo final en la vida y ministerio. Enfocarse en el futuro le ayudará a mantener el sueño delante de su vista semanal, mensual y anual. ¿Usted no sabe cuales son sus planes, deseos y sueños para los próximos 20 años? Es tiempo de orar y ayunar, escriba sus metas y sueños y va a conseguir el plan de Dios, quien da libremente a todos los que le piden.

ESTABLECER OBJETIVOS: PERSONALES, TRABAJO, FAMILIA, DE NEGOCIOS, Y EVALUACION DEL MINISTERIO

Es muy importante que un líder aprenda a establecer y definir metas para su vida personal, la vida profesional, y el ministerio. He oído que el 90% del mundo no fija metas mientras que el 10% del mundo se pone metas. El resultado es que el 10% del mundo posee el 90% de la riqueza del mundo y las riquezas. No sea otra persona fracasada en este mundo que encaja en la categoría de 90%. Las personas de su iglesia, socios, compañeros de trabajo y familiares necesitan un líder que pueda enseñar a convertirse en personas que ponen metas. Nadie merece ser llevado por el camino de la pobreza y

la carencia. Tú eres el que tiene que estar a la altura, establecer y mantener tus metas, y enseñar a su personal y la gente a su alrededor también a establecer y mantener las metas para sus vidas.

Salmos 37:4-5 (RVR1960) Deléitate asimismo en Jehová, Y él te concederá las peticiones de tu corazón. Encomienda a Jehová tu camino, Y confía en él; y él hará.

Las metas están muy relacionadas con la visión. Las metas son el enfoque en el futuro, de lo que está por venir. Ninguno de nosotros sabe exactamente lo que vendrá en el futuro, pero sí sabemos que Dios pone en nuestro corazón deseos que vamos a perseguir. Por lo tanto, sus deseos y sus sueños están estrechamente relacionados con la voluntad divina de Dios en su vida. Usted debe aprender a concentrarse, disciplinarse, y restringir sus metas y deseos bajo la dirección y liderazgo de Dios.

Tómese su tiempo y comience a soñar. Escriba sus metas, deseos y sueños para los próximos cinco, diez, veinte y cincuenta años. Recuerde que muchos hombres de negocios japoneses hacen un plan de 150 años a partir de ahora. Muchos de ellos están trabajando la visión de su bisabuelo en estos momentos. Usted sólo está comenzando con un plan de cincuenta años que todavía está dentro de su propia generación. Tenemos un largo camino por recorrer, así que vamos a empezar.

No tenga miedo de soñar y de enfocarse en su futuro. Su realización en la vida incluye el logro de sus metas y sueños. Si usted no tiene ningún conjunto activo de metas, usted puede estar seguro que no va a alcanzarlas. Puedo garantizar que el capitán de un barco grande jamás llegará al puerto de sus sueños, si no hacer planes para navegar hacia esa dirección. Este seguro de que nunca va a llegar a las metas si jamás las ha establecido.

Usted va a tener una oportunidad en la parte de atrás de este libro para enumerar varias metas a corto, mediano y largo plazo para las diferentes áreas de su vida. Para practicar el mirar hacia el futuro, comience hoy haciendo una lista de diez objetivos personales para su vida que son importantes para usted. Si usted es menor de 18 años, escriba cinco objetivos personales más importantes. Estos objetivos deben lograrse en los próximos 5 años. Trate de enumerarlos en orden de importancia. Tome un poco de tiempo de calidad con esto. Ore y pídale a Dios que despierte tus deseos y sueños. Escriba estas metas con la mayor claridad y detalle como sea posible. Elija sus palabras cuidadosamente. Usted tendrá la oportunidad de incluir metas para su familia, el trabajo o el ministerio más adelante en este libro. Concéntrese en sus metas personales en esta sección.

Mis diez principales metas personales para los próximos cinco años:

1._____

2._____

3._____

4._____

5._____

6._____

7._____

8._____

9._____

10._____

Esto es sólo un ejercicio, pero usted será capaz de utilizar estas metas más adelante en el libro.

Una vez que ore por sus objetivos y los ponga en su lugar, ahora tiene algo hacia donde apuntar como un individuo, un líder de negocios, o un líder de ministerio. Reúnase frecuentemente con su familia, compañeros de trabajo, socios de negocios o personal para ver lo que hay que hacer a para alcanzar estas metas. Tome medidas proactivas para lograr estas metas. Pídale a Dios que abra las puertas para usted. Tome decisiones a la luz de sus objetivos. No se desvíe o se vaya por otro camino. Usted va a mirar sus metas de uno y cinco años todos los días. Mire sus metas de diez años todas las semanas y sus metas de 20 y 50 años todos los meses. Planee siempre cada día para hacer algo hacia sus metas. Construya con constancia, disciplina y fervor.

A medida que reciba más revelación de Dios puede que tenga que modificar tus metas. Seguir adelante y hacerlo. Sin embargo, mantenga las metas frente a usted y a su familia entera, compañeros de trabajo, el personal y el equipo que esta trabajando todos los días para cumplir con estos objetivos. Imagine la multiplicación de tener su grupo de trabajo completo diario enfocado para llevar a cabo su visión y objetivos. ¡Usted se sorprenderá con el poder corporativo de uno! Si cien pueden poner a diez mil a caer a espada, entonces, ¡imagine lo que todos podemos hacer juntos!

Levítico 26:8 (RVR1960) Cinco de vosotros perseguirán a ciento, y ciento de vosotros perseguirán a diez mil, y vuestros enemigos caerán a filo de espada delante de vosotros.

Creo que la fijación de metas es una parte muy importante de la formación del carácter, la disciplina y liderazgo. Ninguno de los miembros de su familia, personas de la Iglesia o el personal (incluido usted) merecen estar en la categoría de 90% de las personas que no se fijen metas y que terminan con el mínimo de su destino cumplido. Usted debe introducir a su equipo en la máxima categoría del 10%. ¡Empiece hoy y no pare nunca!

Una vez que te acostumbras a trabajar un plan de 20 años y 50 años, debe tener en cuenta un plan realista de 150 años que se extenderá a la vida de sus hijos, nietos y bisnietos. Esto le dará un verdadero propósito multi-generacional y cambiará absolutamente la manera de tomar decisiones, pasar el tiempo y enfocar sus energías en la tierra.

Proverbios 13:22 (RVR1960) El bueno dejará herederos a los hijos de sus hijos; Pero la riqueza del pecador está guardada para el justo.

Si bien es cierto que un hombre bueno deja herencia a dos generaciones por delante de él, entonces usted necesita llegar ser ese hombre bueno establecido por Dios. Tome un momento ahora mismo y escribe un párrafo que indique su sueño para sus próximas dos generaciones futuras y lo que queremos verlos haciendo con la unción, la sabiduría, la visión y el conocimiento que ha impartido en ellos.

Notas del Seminario para el Capítulo 5

Capítulo 6
Clave: compromiso con la lectura de la Palabra de Dios diariamente

Al comenzar el viaje de Filtrar y Enfocarse, Ponerse metas y mirar hacia el futuro, usted debe establecer su vida y construir correctamente. La única forma segura de aprender de Dios y de su pensamiento divino es que usted debe leer y estudiar la Palabra de Dios todos los días. Este es el libro de instrucciones de la sabiduría, la historia y la forma en que Dios gobierna, juzga y construye cosas. Este libro le enseñará cómo Él piensa, actúa, habla y se mueve. Es el libro más importante del mundo. Es literalmente viva, sus palabras viven, ¡y le van a cambiar cuando las lea!

Hebreos 4:12 (RVR1960) Porque la palabra de Dios es viva y eficaz, y más cortante que toda espada de dos filos; y penetra hasta partir el alma y el espíritu, las coyunturas y los tuétanos, y discierne los pensamientos y las intenciones del corazón.

La Santa Biblia es el único libro en el mundo que está vivo. Por ello, el diablo y sus secuaces están siempre tratando de mantener la Biblia alejada de la gente. Es ilegal sostener una Santa Biblia en muchas partes del mundo, y ser dueño de una podría hacer que le maten si cae en las manos de los malvados. Satanás sabe que la Santa Biblia trae luz, y la voluntad de Dios a la tierra. La Santa Biblia trae la libertad, y gente que lee la Biblia es difícil de controlar, y no son esclavizados fácilmente. Una vez que la Santa Biblia se mete dentro de una persona, los cambia, los despierta, y las eleva a la comprensión de lo que son. Su crisis de identidad termina y su personalidad real empieza a emerger. Esta es la razón por la que la Santa Biblia, la palabra viva de Dios, es tan peligrosa y poderosa contra los poderes de las tinieblas y de los planes del mal.

Dado que este es el libro más poderoso del mundo, ¿no cree que es hora de hacer un compromiso consigo mismo y con Dios a leer la Biblia todos los días de su vida?

Cuando una persona ha sido transformadora en su vida y ha " Nacido de Nuevo", esa persona se convierte en una persona nueva y la vieja persona que solía ser muere, fallese, y perece.

2 Corintios 5:17 (RVR1960) De modo que si alguno está en Cristo, nueva criatura es; las cosas viejas pasaron; he aquí todas son hechas nuevas.

La experiencia del "Nuevo nacimiento" cambiará dramáticamente su vida, su futuro y sus metas porque usted se ha trasladado fuera del mundo de las tinieblas a Su Reino eterno de luz. La diferencia de los dos mundos es, literalmente, como la noche y el día o en la oscuridad a la luz. Por lo tanto, a medida que comienza a vivir esta experiencia en este nuevo "reino de la luz", la vieja vida, muestra los signos dramáticos de perecer, y la nueva vida en Cristo, muestra los signos de la vida. Usted ha entrado en un proceso que requiere tiempo, y que puede ser acelerado a causa de disciplinarse usted mismo en la

lectura diaria de la Palabra viva de Dios.

1 Pedro 1:23 (RVR1960) siendo renacidos, no de simiente corruptible, sino de incorruptible, por la palabra de Dios que vive y permanece para siempre.

Sus metas, puntos de vista, ideas y pensamiento comenzarán a cambiar una vez que usted ha tenido una verdadera experiencia del "Nuevo nacimiento" en el Reino de Dios y empiezas a leer Su Palabra viva.

Romanos 12:2 (RVR1960) No os conforméis a este siglo, sino transformaos por medio de la renovación de vuestro entendimiento, para que comprobéis cuál sea la buena voluntad de Dios, agradable y perfecta.

Los viejos patrones de este mundo comenzarán a desaparecer, fallar y ya no funcionarán para usted una vez usted que ha tenido una experiencia de " Nuevo nacimiento " en el Reino de Dios. Este es un proceso muy poderoso, sin embargo, puede ser frustrante en momentos de cambio.

Historia Personal Del Autor Dr. Daniel Daves: "Cuando me convertí en un "nacido de Nuevo " con una experiencia de vida radical a los 18 años, todo cambió. Mi entorno cambió, mis amigos cambiaron, mis hábitos y estilo de vida, y mucho más. Dios literalmente me limpió de una vida vieja, llena de viejos apegos y deseos. Tomé un nuevo anhelo por el Espíritu Santo, un deseo de acercarme a Jesús, para aprender todo lo que pudiera acerca del Reino de Dios y acerca de la nueva vida en la que estaba inmerso.

Durante los próximos siete años de mi vida, yo estuve leyendo la Biblia todos los días. Hice preguntas, gasté tres biblias en siete años, subrayé todo lo que se movía en esas páginas, y yo tenía un hambre y una sed por conocimiento. Pero también estaba en el proceso de poner objetivos.

Recuerdo con claridad en aquellos días de 1980 - 1986, había empezado a escribir mis metas anuales a principios de enero. Cada año escribía una lista de cosas que yo realmente quería hacer. Pero con la experiencia del " Nuevo nacimiento ", empecé a notar algo terriblemente malo. Cada año era más difícil alcanzar mis metas. Recuerdo que hacia el año cinco, seis y siete me reía de mí mismo y me decía: "¿Por qué estas escribiendo estas metas, Daniel? ¡Dios no te va a permitir llegar a ellos! "Fue un momento de verdadera frustración a veces porque he oído la gente exitosa ordenándome a escribir mis metas para el éxito. Yo siempre había tratado de tener metas en frente de mí. Pero de repente no estaba funcionando tan bien, y lo único que podía pensar era que yo estaba ahora un "Nacido de Nuevo" y algo en este nuevo reino de la luz me impedía alcanzar mis viejas metas. Pero empecé a notar que las nuevas metas fueron naciendo y creciendo en mí al orar y leer la Biblia. Yo estaba cruzando hacia un nuevo reino y estaba siendo renovado por el Espíritu Santo de Dios día a día. Yo estaba empezando a adquirir un nuevo conjunto de objetivos y la dirección de mi vida. La vieja vida se estaba yendo junto con mis viejos objetivos. Mi propósito viejo había muerto, y un nuevo propósito en Cristo estaba surgiendo dentro de mí".

Jesús le dijo a Pedro sobre el mismo tema en su propia vida.

Juan 21:18-19 (RVR1960) De cierto, de cierto te digo: Cuando eras más joven, te ceñías, e ibas a donde querías; mas cuando ya seas viejo, extenderás tus manos, y te ceñirá otro, y te llevará a donde no quieras. Esto dijo, dando a entender con qué muerte había de glorificar a Dios. Y dicho esto, añadió: Sígueme.

Pedro aprendió que cuando él era joven, él hizo lo que quiso. Sin embargo, cuando comenzó a madurar en la fe y en el Reino de Dios, aprendió que sería dirigido por otro a lugares que no necesariamente el iría por su cuenta. Él comenzaría a cumplir con las metas y una visión que no provino de él, sino de Dios. Él tomaría otra vida y otro conjunto de directivas para su vida. Jesús le dijo cómo llevar a cabo estas nuevas metas a través una simple palabra: "Sígueme".

La experiencia de un "Nacido de Nuevo" traerá el mismo cambio en su vida. Dado que el Reino de Dios invade tu vida, y como la Palabra de Dios te comienza a dar vida, tu mente va a cambiar. Sus objetivos empezarán a cambiar. Su punto de vista y directivas en la vida volverán a enfocarse. Usted comenzará a ver las cosas como Jesús las ve. Usted tendrá una mayor capacidad para "Seguirlo" y saber por qué lo sigues. Este cambio de vida dramáticamente monumental tendrá un impacto en su vida, perspectivas y objetivos. Las frustraciones pueden desarrollarse cuando ves las viejas metas, sueños, pasiones y deseos que van pasando, y que quedan sin cumplir. Pero este alentado, porque el Reino de Dios está obrando en usted, y un nuevo plan de objetivos, prioridades y Su visión se está trabajando en su ser. Estas creencias básicas y objetivos terminan enfocándolo a usted en el plan divino y eterno de Dios para su vida. Le van a cambiar de una vida mundana a oscuras a una vida para un hijo de Dios lleno de luz.

Romanos 8:14 (RVR1960) Porque todos los que son guiados por el Espíritu de Dios, éstos son hijos de Dios.

Romanos 8:19 (RVR1960) Porque el anhelo ardiente de la creación es el aguardar la manifestación de los hijos de Dios.

Ahora que sabemos que hay un proceso de transformación y un reinicio de sus creencias esenciales, es fácil ver por qué tenemos que sumergirnos en la Palabra de Dios diariamente. La palabra de Dios es como una medicina fuerte que impregnará nuestro ser y nos restaura a la salud. Es como agua que hidrata cada célula de su cuerpo para que pueda funcionar correctamente. Es como el vinagre que hará que su pepino sea un delicioso escabeche. Es como un potente suplemento nutricional que lo alimentará para darle la fuerza óptima que necesita. A pesar de todo verá la diferencia una vez que desarrolle un deseo, el gusto, y un hábito de devorar la Palabra Santa Viva y Eterna de Dios.

Del Autor, Dr. Daniel Daves: "Un hombre que ha traído una enorme esperanza, ayuda y cambiar a los creyentes a través de décadas de enseñanza es Tom Leding. Este hombre me cambió la vida, el ministerio y todo lo relacionado con mi presente y mi futuro una vez que lo conocí y recibí de su ministerio. Había pasado años leyendo la Palabra de Dios, yendo a la Universidad Bíblica, pastoreando, predicando mensajes y siendo un estudiante de la Palabra. Sin embargo, nunca había desarrollado un plan sólido como una roca de "cómo" me comprometo a pasar la primera parte de mi día leyendo la Palabra de Dios. Nunca tuve una estructura sólida que ayudara, a mi familia y mi iglesia a mantenerse concentrados en la lectura diaria de la Biblia

Un día me encontré con el Dr. Tom Leding que vino a nuestra iglesia por una cita divina, para llevarnos al orden y nos dio un nuevo rumbo y camino para nuestras vidas. Tom es el exjefe de contadores de American Airlines y era el vendedor con mejor paga en la compañía "Farmer's Insurance" entre 14.000 agentes. Él tiene un ministerio y un mensaje impecable, y estábamos tan increíblemente bendecidos que él estuvo dispuesto a venir a nuestra pequeña iglesia en St. Louis, Missouri y hablar con nosotros. Nos aferramos a cada palabra. Al final de su seminario y cultos, nos había mostrado una manera muy simple, pero potente para acelerar nuestra vida en Cristo. Se llamaba "El Club De Las Cinco". En inglés llamado "The Five O'Clock Club".

El Club de las Cinco es una manera simple de decir: "La primera parte de tu día". Nos mostró una estrategia sencilla para leer toda la Biblia en un año, y para leer los Salmos y Proverbios 12 veces por año. El plan es simple: Dos capítulos del Antiguo Testamento, dos capítulos del Nuevo Testamento, cinco Salmos y cinco Proverbios por día. Un compromiso diario para leer la Biblia en un año utilizando este modelo cambiaría dramáticamente su vida, traerá nuevas puertas que serán abiertas, abrirá nuevas ventanas de prosperidad divina sobre su vida, y todo cambio a su alrededor conforme la Palabra viva de Dios invade su vida.

Nuestra iglesia tuvo su reto de 30 días y comenzó la lectura diaria de la Palabra de Dios, poniendo esa primera lectura en nuestros días. Si una persona se despierta a las cinco, ahí es cuando comenzará la lectura. Si una persona trabajó un segundo turno por la noche y se levanta a las 11 de la mañana, ahí es cuando comenzará la lectura. Dentro de los 30 días, los individuos, las familias y nuestra iglesia local, recibieron bendiciones milagrosas de Dios, recibieron ideas divinamente inspiradas, y los miembros de la familia vinieron a Cristo, como nunca lo había conocido antes. ¡Fue un milagro!

Le recomiendo unirse al club del Dr. Leding "El Club De Las Cinco", escuchar sus vídeos y leer sus libros. El primer libro que "debe de leer" se llama "De Pobreza a Riqueza". Encuéntralo en www.tomleding.com .

Dr. Leding nos ha autorizado a poner su calendario diario de lectura de la Biblia en el capítulo once de este manual. Este calendario de doce meses le ayudará a mantener el rumbo para leer la Biblia hasta el final en un año, y usted va a leer los Salmos y Proverbios doce veces al año. Creo que esto es importante porque los Salmos y Proverbios fueron escritos por los reyes. Rey David y el Rey Salomón, el rey más sabio de la historia del mundo, han ofrecido su sabiduría para sus vidas. ¡Lea sus libros doce veces por año y usted comenzará a pensar como un rey! Este es el deseo de Dios."

Apocalipsis 5:10 (RVR1960) y nos has hecho para nuestro Dios reyes y sacerdotes, y reinaremos sobre la tierra.

Si usted va a llegar el destino divino que Dios les ha dado, ¿no le parece que es imprescindible que se acelere el cambio dentro de usted? Aplique la viva, fuerte, activa, espada de dos filos, la Palabra de Dios a su vida todos los días. Personalmente puedo garantizar que la aplicación de la Biblia a la primera parte de su caminar diario le cambiará dramática, rápida y poderosamente. ¡Usted va a comenzar a tener una visión del cielo y metas para su vida de una manera que nunca has pensado, soñado o imaginado antes!

Efesios 3:20-21 (RVR1960) Y a Aquel que es poderoso para hacer todas las cosas mucho más abundantemente de lo que pedimos o entendemos, según el poder que actúa en nosotros, a él sea gloria en la iglesia en Cristo Jesús por todas las edades, por los siglos de los siglos. Amén.

Considere firmar este acuerdo ante Dios en la presencia del Cielo y sus Ángeles.

Acuerdo Oficial de Entendimiento

Mi Padre Celestial, vengo a ti en el nombre de Jesús mi salvador. Creo que tu Santa Biblia es un regalo para mi vida. Creo que es una parte importante de mi vida y que me ayudará a crecer, cambiar, y a entender tu amor, tu reino, tus pensamientos y formas. Estoy haciendo un compromiso directamente contigo de tomar los próximos 12 meses y leer la Santa Biblia al comienzo de cada día. Te pido ayuda, orientación y continuo recordatorio de mi compromiso con contigo para cumplir con mi deber para con tu Palabra. Pido la ayuda del Cielo para desarrollar un hábito positivo en la lectura de su Palabra en el principio de cada día. Si por cualquier razón pierdo un día de lectura, voy a hacer ese día hasta el día siguiente, duplicando la lectura para ese día. Yo voy a cumplir mi compromiso contigo, y creo completamente que Tu Santa Biblia me va a cambiar desde adentro hacia fuera. Te doy las gracias por tu ayuda, tu gracia y tu empoderamiento para consumir toda la Biblia en un año, y para aprender de los Salmos y Proverbios doce veces al año. Estoy haciendo este compromiso para Tu gloria y para Tu Reino, en el nombre de Jesús, Amén.

Firmado el _____ (día) día del _____(Mes y Año).

_____   _____

Firma   Nombre Escrito

Si ha adquirido el compromiso supremo de leer la Biblia todos los días durante el próximo año, usted es digno de ser elogiado y felicitado. Usted se está uniendo junto con muchos otros que tienen este mismo manual en todo el mundo, y a aquellos que están leyendo exactamente las mismas Escrituras junto con usted todos los días. Se ha comprometido a tomar su vida, metas, visión y futuro y pasarlo a través del fuego del Cielo para que pueda ser purificado, limpiado, y hacerlo valiosas. Así como el oro o la plata se refina y se hace valiosa en el fuego, ahora vamos a refinar su vida, las metas y el futuro.

Malaquías 3:3-4 (RVR1960) Y se sentará para afinar y limpiar la plata; porque limpiará a los hijos de Leví, los afinará como a oro y como a plata, y traerán a Jehová ofrenda en justicia. Y será grata a Jehová la ofrenda de Judá y de Jerusalén, como en los días pasados, y como en los años antiguos.

El fuego del Cielo es un fuego que purga y limpia. Le va a perfeccionar y refinar. Cuando usted somete sus planes con la Santa Biblia y la voluntad eterna de Dios, verá cosas asombrosas suceder mientras que Dios le refina. Sin lugar a dudas, sus planes se modifican, cambian y se expanden cuando se somete a la Palabra de Dios y al fuego purificador del Cielo.

Los hebreos Sadrac, Mesac y Abednego fueron arrojados a un horno de fuego que se había sido calentado siete veces más de lo normal. Fueron atados y arrojados al horno porque se negaron a adorar al dios de Nabucodonosor. Los soldados que los arrojaron murieron por la explosión de las llamas en la apertura del horno. Pero cuando estos tres hombres aterrizaron en el horno, un cuarto hombre apareció con ellos en las llamas. Sin duda, este hombre era Jesús. Incluso los consejeros del rey, dijeron que este cuarto hombre parecía el hijo de Dios. Lo único que ardía dentro de ese horno eran las cuerdas que mantenían estos hombres atados. ¡Todos estaban caminando por el interior del fuego libremente! Sin duda, cuando fueron llamados a salir del fuego por el rey, que tenía una actitud diferente acerca de ellos. Ni un cabello de sus cabezas había sido quemado. Su ropa no estaba quemada, ni con olor a humo. Salieron con el poder, con un mensaje, y con toda la atención del rey que adoraba a su Dios en este día. Note también que nunca el cuarto hombre en el fuego salió. Todavía está en el fuego, esperando por nosotros.

Hebreos 12:28-29 (RVR1960) Así que, recibiendo nosotros un reino inconmovible, tengamos gratitud, y mediante ella sirvamos a Dios agradándole con temor y reverencia; porque nuestro Dios es fuego consumidor.

Cuando usted se someta a una dosis diaria de la purificación y la limpieza de la Palabra de Dios, y usted va a entrar al fuego con Jesús. Usted sólo tendrá sus lazos y cuerdas quemadas. No se verán afectados por el fuego. Su visión y los objetivos se ampliarán. Dios te llevará de pensar pequeño a pensar grande. Él te mostrará la verdad como usted nunca ha conocido antes. Sus viejos muros, barreras, obstáculos, debilidades, pecados y deficiencias serán quemados. Esto te hará mucho más valioso en el Reino de Dios, ¡y sus metas y visión de oro se convertirán en un 99,9% puro o superior!

Corre hacia Dios. Corre hacia el fuego sagrado de la Palabra de Dios. Deje que su fuego lo limpie y purifique por el año que viene sobre una base diaria. ¡Usted no será avergonzado o decepcionado!

Nota: Vea el fórum www.doctordanieldaves.com para unirse a un Devocional Diario y comentarios.

Notas del Seminario para el Capítulo 6

Habacuc 2:2 "Y Jehová me respondió, y dijo: Escribe la visión, y declárala en tablas, para que corra el que leyere en ella".

Capítulo 7
Llevar las "Ocho Provincias" de su Vida Bajo el Reino de Dios

Usted pasó algún tiempo practicando para escribir sus metas en su vida personal en el Capítulo Cinco. Pero ahora usted va a aprender a profundizar donde la vida realmente cuenta. Esta es la sección que la mayoría de la gente nunca va a revelar en sus vidas. Sin embargo, cuando usted entiende los hechos detrás de este capítulo, usted comenzará a ver el poderoso desarrollo del plan milagroso de Dios en su persona.

Cuando Dios creó a Adán en el jardín, le dio un mandato de dominio.

Génesis 1:28 (RVR1960) Y los bendijo Dios, y les dijo: Fructificad y multiplicaos; llenad la tierra, y sojuzgadla, y señoread en los peces del mar, en las aves de los cielos, y en todas las bestias que se mueven sobre la tierra.

Dios ha ordenado al hombre **ser fiel, multiplicar, llenar la tierra, someterla y dominarla**.

Este manual va a ayudarle a desarrollar estas cinco prioridades en su vida. Tener dominio será una parte importante del desarrollo de una vida cristiana exitosa. Esto significa que usted va a actuar como un rey, y que va a ser fiel en el dominio que Él le ha dado a usted. Cada rey tiene un dominio. Tiene un dominio y la zona que debe tener dominar. Esto es parte de su entrenamiento para convertirse en un rey en el reino de Dios.

Sabemos que Dios te ha dado un jardín con vida, que se pueden dividir en algunos territorios clave para la comprensión. Tu vida es un dominio del reino asombroso. Dios quiere que gobierne este reino bien, para multiplicarlo, y mantenerlo a salvo. Usted tendrá que traer todos los territorios de su reino bajo su cuidado, para educarlos, hacerlos fructificar, hacerlos multiplicar, y tener dominio sobre ellos. Hemos verificado al menos ocho territorios en su vida que usted tendrá que someter y poner bajo su cuidado, protección, y multiplicarlos.

1. Físico
2. Mental
3. Espiritual
4. Social
5. Educativo
6. Vocacional
7. Marital y Familiar
8. Financiero

Sus Provincias En El Reino

- Marital Y Familiar
- Mental
- Físico
- Espiritual
- Vocacional
- Educativo
- Financiero
- Social

Imaginemos por un momento que Dios le ha dado un reino para gobernar como parte de su entrenamiento. Este reino tiene ocho territorios distintos, cada uno con diferentes fortalezas y debilidades. Cada uno de estos territorios provinciales tiene una función en su reino en general. Y si alguno de ellos no funcionan en nombre del reino, ellos serán rebeldes y detendrán la estructura total del reino y el plan. Esta es la razón por la que un cristiano puede ser salvo, sin embargo, puede estar luchando en una o más áreas de sus vidas. Muchos cristianos llenos de fe siempre están en quiebra, enfermos, tiene un mal matrimonio, no tienen aceleración educativa, o no tienen las habilidades sociales. A veces un cristiano sufre una mezcla de múltiples territorios los cuales son rebeldes y no han sido cambiados por el Reino de Dios y Su Palabra viva.

Un reino o nación debe unirse bajo una constitución, el imperio de la ley y un código claro de la orientación si ese reino desea sobrevivir y prosperar. El Reino de Dios obra dentro de la Santa Biblia, la cual es su estado de derecho, su documento legal vinculante, y el código de orientación para todos los territorios y temas dentro de ese reino. Es con este entendimiento que usted está leyendo la Palabra de Dios todos los días y filtrando las metas de su vida, visiones y sueños a través de la Santa Biblia.

Una persona tiene que arrastrar todos los territorios de las ocho provincias de su vida bajo el dominio del Reino de Dios. Estos territorios deben ser afectados y cambiados por la Palabra viva de Dios y Su plan del Reino. Cuando estos ocho territorios comienzan a moverse juntos bajo la dirección, provisión, orientación y visión de Dios, un milagro comienza a tener lugar. El "hombre completo" comienza a surgir y las bendiciones milagrosas de Dios comienzan a cambiar todos los ámbitos de la vida para bien.

Dios quiere que una persona sea equilibrada. Pero no es posible ser una persona equilibrada y bendecida en el Reino de Dios si una parte de su territorio la vida es servir a Dios y las demás partes están al servicio de sus propios intereses como territorios rebeldes.

Marcos 3:24-25 (RVR1960) Si un reino está dividido contra sí mismo, tal reino no puede permanecer. Y si una casa está dividida contra sí misma, tal casa no puede permanecer.

El ser de doble mentalidad es simplemente tener opiniones rebeldes en su vida que no tienen los mismos intereses que el Reino de Dios.

Santiago 1:5-8 (RVR1960) Y si alguno de vosotros tiene falta de sabiduría, pídala a Dios, el cual da a todos abundantemente y sin reproche, y le será dada. Pero pida con fe, no dudando nada; porque el que duda es semejante a la onda del mar, que es arrastrada por el viento y echada de una parte a otra. No piense, pues, quien tal haga, que recibirá cosa alguna del Señor. El hombre de doble ánimo es inconstante en todos sus caminos.

Trae tu hombre entero bajo el dominio del Reino de Dios. Él te ha dado autoridad sobre esos dominios. Apodérese de estas ocho provincias en su vida y hágalas servir al Reino de Dios. ¿Cómo lo va a hacer?

Este manual identifica ocho áreas provinciales de su vida que usted comenzará a escribir en el diario. Cada día, al leer la Biblia, usted comenzará a conseguir el conocimiento para sus ocho provincias. Durante la lectura del Antiguo Testamento, una idea o inspiración puede venir a usted con respecto a su cuerpo físico, la necesidad de hacer ejercicio, comer correctamente, o algo específico que le ayudará a alcanzar una meta física específica. Un poco más tarde, puede obtener una inspiración bíblica sobre el matrimonio o sus finanzas. Cada vez que reciba inspiración o usted que usted crea que Dios está hablando, es importante ir a la sección de este y escribir lo que usted cree que Dios le está diciendo. A medida que avance a través de su primer año de la lectura de la Biblia, usted comenzará a desarrollar una comprensión e inspiración divina y una opinión de cada una de estas provincias de su vida.

En el comienzo de la vida de un creyente, esa persona no va a tener una idea de lo que Dios quiere que hagan con su vida física, mental, espiritual, social, educacional, profesional, financiera o maritalmente. Sin embargo, una vez que un creyente empieza a recibir la inspiración de la Palabra de Dios, y él anota la inspiración, una opinión empieza a formarse sobre esos temas. Esta opinión le ayudará a desarrollar metas para las ocho provincias de tu vida.

Al principio de cada sección de provincia hay una página para que usted escriba sus metas para la vida. Se le recomienda anotar tantas metas como pueda. Luego, a medida que pasa el tiempo y usted lee la Palabra de Dios, permita que estas metas sean manipuladas, re-dirigidas y cambiadas por el Espíritu Santo a medida que le inspira cada día a través de la Palabra de Dios. Al final de su primer año, usted debería ser capaz de escribir un sólido conjunto de objetivos para cada una de las provincias de su vida. Con una visión escrita en el lugar de las ocho provincias, su reino comenzará a funcionar y a operar de acuerdo con la voluntad de Dios, y el equilibrio vendrá.

Intervenciones milagrosas del Cielo también vendrán a su vida y a sus distintas provincias. Será absolutamente increíble, y estoy seguro de que nunca deseará salir de esta forma de gobernar sobre sus provincias y de dominio. El Reino de Dios, literalmente, reinará sobre su reino, y usted será exitoso en todas las provincias de su vida bajo Su gobierno y Su reino.

Apocalipsis 11:15 (RVR1960) El séptimo ángel tocó la trompeta, y hubo grandes voces en el cielo, que decían: Los reinos del mundo han venido a ser de nuestro Señor y de su Cristo; y él reinará por los siglos de los siglos

Si Él es el Rey y tú eres Su hijo, también eres un rey en entrenamiento. La tierra y todo lo que hay pertenece al Señor. Él está levantando a los reyes y señores dentro de su hogar. Un rey siempre tiene un dominio para presidir. Si usted es un rey, entonces usted tiene un dominio. Y si tienes un dominio, es su trabajo que ese dominio este bajo el dominio y la autoridad del reino de Dios. Y si tienes éxito, Dios le dará autoridad sobre mucho más.

Mateo 25:21(RVR1960) Y su señor le dijo: Bien, buen siervo y fiel; sobre poco has sido fiel, sobre mucho te pondré; entra en el gozo de tu señor.

Notas del Seminario para el Capítulo 7:

Habacuc 2:2 "Y Jehová me respondió, y dijo: Escribe la visión, y declárala en tablas, para que corra el que leyere en ella".

Capítulo 8

Escribiendo, comunicando, y desarrollando los objetivos de su vida

1. Usted va a comenzar a escribir sus metas a corto, mediano y largo plazo y los planes en las ocho secciones territoriales en la parte posterior de este libro. No se preocupe, estos planes van a cambiar y van a ser redirigidos a medida que continúe estudiando y leyendo la Biblia a diario, y escribiendo a través del año. Pero escriba lo que piensa, cree y siente en ese momento. Haga su mejor esfuerzo y pídale a Dios ayuda si está dibujando en un espacio en blanco. Utilice las "palabras clave" que contiene cada sección de las metas de cada territorio (capítulos 11 - 18) para ayudarle a proyectar y pensar hacia adelante. Recuerde que tener visión hacia futuro es una disciplina que se aprende. Si usted nunca ha sido entrenado para pensar hacia el futuro, esto es algo que va a empezar a aprender y perfeccionar durante el próximo año.

Proverbios 16:9 (RVR1960) El corazón del hombre piensa su camino; Mas Jehová endereza sus pasos.

2. Usted se ha comprometido a leer la Biblia todos los días, al comienzo de su día en un lugar tranquilo y apacible donde puede filtrar, enfocar y comprender. Utilice una versión de la Biblia que usted pueda entender. Algunas personas, les gusta la Nueva Versión Internacional (NVI), y otros la Reina Valera 1960, etc. Pregúntele a su pastor que versión le recomienda si usted no tiene una versión favorita. Usted no está obligado a parar y hacer un estudio de la Biblia en profundidad o un estudio de palabras hebreas durante su meta diaria de la lectura de dos capítulos del Antiguo Testamento, dos capítulos del Nuevo Testamento, cinco capítulos de Salmos y uno de Proverbios. Su objetivo es sólo leer el material lo suficientemente lento como para comprenderlo.

3. Durante la lectura de la Biblia, se recomienda que usted desarrolle una relación de oración, hablando con Dios, y haciéndole preguntas. Hable en voz baja con el Espíritu Santo y pídale que ilumine las escrituras que usted necesita para dirigir las ocho provincias de su vida cada día. Honre y respete la inspiración que viene, junto con los pensamientos, ideas y visiones que pueden aparecer durante la lectura de la palabra viva y eterna de Dios. Usted tendrá que escribir estas inspiraciones en los distintas ocho áreas provinciales de este libro cuando las reciba. Haga un hábito de escribir la inspiración de inmediato cuando usted lo consigue. Habacuc 2:2 dice que hay que escribir la revelación y dejarla clara. Esta comunicación entre usted y el Espíritu Santo de Dios será personal, potente y cambiará su vida. Desarróllela cada día a medida que deja que Dios le hable a través de Su Palabra y por medio de la inspiración que viene cuando lees la Biblia.

4. Al menos una vez por semana, trate de repasar cualquier meta que se haya fijado para su vida y ore por eso. Concéntrese en eso y pídale a Dios que lo bendiga, lo dirija, y tome el control de eso. Si usted siente una inspiración interior para cambiar el objetivo, modificar o volver a re-dirigirlo, tome nota de ello y escríbalo. Dios le está ayudando a centrar sus objetivos y planes mientras Su Palabra le da inspiración cada día.

Proverbios 16:2-3 (RVR1960) Todos los caminos del hombre son limpios en su propia opinión; Pero Jehová pesa los espíritus. Encomienda a Jehová tus obras, Y tus pensamientos serán afirmados.

Proverbios 19:21 (RVR1960) Muchos pensamientos hay en el corazón del hombre; Mas el consejo de Jehová permanecerá.

5. A medida que avance hacia adelante con la lectura de la Biblia cada día, usted va a experimentar cosas milagrosas en su vida. Asegúrese de anotar estos eventos que ocurren en este libro, y asegúrese de dar gracias a Dios por su bendición sobre su vida. Comparta estas bendiciones con los demás y dígales cómo la Palabra de Dios está cambiando su vida día a día. Su testimonio de la bondad de Dios será una inspiración para muchos a su alrededor.

6. Haga copias de su meditación diaria y la página del objetivo en el capítulo 21, y escriba sus metas para el día, así como una escritura diaria para meditar que significó algo para usted durante su tiempo de lectura "Club de las 5 en punto".

7. Al final de su año de compromiso, vuelva a escribir sus metas a corto, mediano y largo plazo en el papel y mantenga ese papel siempre delante de usted. Ore por estas metas todos los días y pida a Dios que las bendiga. Se recomienda que usted comience a leer la Biblia de la misma manera que inició en el año. Obtenga un nuevo manual de Compass Guide y siga escribiendo, tomando nota de la inspiración que recibe de la Palabra viva de Dios. Tome nota de las bendiciones milagrosas de Dios, que se apoderan de su vida, así usted puede compartir los avances de su vida con otras personas en los próximos años.

8. Enseñe esto a un miembro de su familia, en su iglesia, durante las reuniones de negocios y donde quiera que vaya a ayudar a otros a alcanzar su máximo potencial y encontrar su verdadera identidad y propósito en la vida.

9. Únase a la comunidad en línea en www.doctordanieldaves.com, y reciba publicaciones diarias de inspiración junto con los demás en el foro de Compass Guide.

10. Como nota final, Guarde este libro para sus hijos y nietos. Este libro será una bendición poderosa a los miembros de su familia en el futuro. Ellos serán capaces de leerlo y ver cómo Dios le estaba hablando a usted, y cómo Él lo guió y bendijo en el viaje de su vida. ¡Qué maravillosa pieza de herencia para dejar a sus hijos y nietos, quienes desean conocer el funcionamiento interior del Espíritu Santo en su vida.

¡Dios le bendiga en este año que viene en su paseo con Él mientras va consumiendo Su viva, poderosa y eterna Palabra!

Mateo 4:4 (RVR1960) El respondió y dijo: Escrito está: No sólo de pan vivirá el hombre, sino de toda palabra que sale de la boca de Dios

Notas del Seminario para el Capítulo 8:

_____

_____

_____

Habacuc 2:2 "Y Jehová me respondió, y dijo: Escribe la visión, y declárala en tablas, para que corra el que leyere en ella".

Capítulo 9
Creación de una declaración de 25 palabras "Propósito Principal de Mi Vida"

Usted ha aprendido cómo llevar esos ocho territorios de su vida bajo un dominio unificado de Dios. Es posible que usted podría sentirse abrumado con las complejidades del desarrollo de una línea de tiempo de tres dimensiones y múltiples puntos en muchas áreas de su vida. Mientras que muchas personas se les ha enseñado a centrarse en una cosa durante toda su vida, usted está comenzando una vida de entrenamiento que centra sus esfuerzos en múltiples ocasiones y dimensiones, para llevarnos a un único objetivo en la vida. Mientras que algunos se sienten abrumados al principio, le aseguro que Dios le ha dado la capacidad de funcionar dentro de estas múltiples dimensiones y líneas de tiempo.

Jesús se ha movido en varias líneas de tiempo. Mientras vivía en el presente, él vagó por los pasillos del pasado y habló del futuro como si fuera ahora. Mientras que en la tierra, vivió bajo una autoridad que también usted vive, lo que le permitió vivir el pasado, presente y futuro.

Jesús reconoció que "Yo Soy" antes que Abraham fuese, poniéndose a sí mismo en la actualidad e históricamente como el gran "Yo Soy" antes de que Abraham naciera. Esta es una verdad increíble, una vez que una persona capta.

Juan 8:57-59 (NVI) 57 —Ni a los cincuenta años llegas —le dijeron los judíos—, ¿y has visto a Abraham? 58 —Ciertamente les aseguro que, antes de que Abraham naciera, ¡yo soy! 59 Entonces los judíos tomaron piedras para arrojárselas, pero Jesús se escondió y salió inadvertido del templo.

Jesús ordena a sus discípulos que reciban el Espíritu Santo. Sin embargo, el Espíritu Santo no se dará hasta después de Su muerte, sepultura y resurrección, en el día de Pentecostés. También le dice a sus discípulos que ellos tienen el poder de perdonar los pecados, pero Él no ha muerto a Él mismo en la cruz para el perdón de los pecados de la humanidad todavía. Jesús está claramente viviendo en el presente / futuro, esta viviendo en el Espíritu que se mueve hacia atrás y hacia adelante en la tercera dimensión de la línea de tiempo humano de la realidad terrenal.

Juan 20:21-23(RVR1960) Entonces Jesús les dijo otra vez: Paz a vosotros. Como me envió el Padre, así también yo os envío. Y habiendo dicho esto, sopló, y les dijo: Recibid el Espíritu Santo. A quienes remitiereis los pecados, les son remitidos; y a quienes se los retuviereis, les son retenidos.

Si Jesús fue capaz de moverse en múltiples dimensiones de tiempo, entonces usted tiene la misma capacidad para hacer esto "en Cristo". Por lo tanto, usted puede ser llevado a su pasado por el Espíritu Santo o a su futuro por el mismo Espíritu que muestra el futuro. Usted puede aprender a moverse en los dones del Espíritu Santo, que incluyan la palabra de ciencia, palabra de sabiduría, y el don de la profecía. Estos son dones bíblicos de Dios que le muestran el futuro y lo que está por venir.

1 Corintios 12:4-11 (RVR1960) Ahora bien, hay diversidad de dones, pero el Espíritu es el mismo. Y hay diversidad de ministerios, pero el Señor es el mismo. Y hay diversidad de operaciones, pero Dios, que hace todas las cosas en todos, es el mismo. Pero a cada uno le es dada la manifestación del Espíritu para provecho. Porque a éste es dada por el Espíritu palabra de sabiduría; a otro, palabra de ciencia según el mismo Espíritu; a otro, fe por el mismo Espíritu; y a otro, dones de sanidades por el mismo Espíritu. A otro, el hacer milagros; a otro, profecía; a otro, discernimiento de espíritus; a otro, diversos géneros de lenguas; y a otro, interpretación de lenguas. Pero todas estas cosas las hace uno y el mismo Espíritu, repartiendo a cada uno en particular como él quiere.

El Espíritu Santo nos ayudará a mirar hacia el futuro y ver la voluntad de Dios y los pensamientos de su vida. Estos son regalos que vienen del cielo sobre los hijos e hijas de Dios que están dispuestos a caminar como Jesús, y en comunión con el Espíritu Santo.

Dios creó a Adán para trabajar, cuidar y administrar el jardín del Edén. Tenía que moverse en múltiples dimensiones y múltiples líneas de tiempo. Tenía que atender, mantener y vestir el jardín. Él tenía dominio sobre los peces, las aves, los animales y la vegetación. El suelo necesitaba ser trabajado. La serpiente necesaria rastreada y echada fuera del jardín. Adán caminaba con Dios y el nombraba los animales. El decretó cosas sobre la tierra y esas cosas se mantuvieron. Al día de hoy, hay animales, pájaros y cosas terrenales que Adán manejaba en la tierra, que siguen vigentes hoy en día.

Génesis 1:27-28 (RVR1960) Y creó Dios al hombre a su imagen, a imagen de Dios lo creó; varón y hembra los creó. Y los bendijo Dios, y les dijo: Fructificad y multiplicaos; llenad la tierra, y sojuzgadla, y señoread en los peces del mar, en las aves de los cielos, y en todas las bestias que se mueven sobre la tierra.

Si Dios creó a Adán y le dio un jardín para manejar, entonces en verdad Dios le creó a usted y le ha dado un jardín para que cuide también. Su jardín, el reino, el dominio y territorios deben estar bajo su unción y manejo. Es importante saber que Dios quiere que usted maneje múltiples dimensiones y líneas de tiempo en su vida, y Él te dará la sabiduría para hacerlo con éxito. Nunca se le dará un trabajo que hacer sin darle la capacidad y los dones para manejar ese trabajo.

Leer la Palabra de Dios, orar, llevar un diario y escribir sus metas le ayudará a desarrollar unción para manejar sus ocho territorios que se mueven juntos hacia un tema central y enfocado.

Usted tendrá que crear una declaración centrada en "El Propósito principal de Vida" para que así todos los ocho territorios puedan moverse hacia ella. Esta declaración de "Propósito Principal de Vida" es el tema que se convertirá en su estandarte de vida, y su punto final de enfoque. Usted tendrá que escribir una declaración de veinticinco palabras del "Propósito principal de Vida". Esta declaración resume todo. Cuenta la historia completa. Las veinticinco palabras en esta declaración serán elegidas cuidadosamente.

Una vez que haya completado con las veinticinco palabras de la declaración "Propósito principal de Vida", los ocho territorios se unirán a su alrededor. Todo milagrosamente se alineará y se identificará con su propósito principal. Cada parte de su vida comienza a encontrar su lugar para ayudar a cumplir este "Propósito principal de Vida".

El reino estaba siendo entregado a David en I Crónicas 12:22. Los hombres y los ejércitos comenzaron a reunirse en torno a David para ayudarlo a pasar el reino de Saúl a sus manos.

Estos hombres y ejércitos diferentes tenían fortalezas individuales y propósitos. Pero todos ellos llegaron a utilizar sus fuerzas en un sistema unificado, el esfuerzo concentrado, solo para traspasarle el reino de Saúl a David conforme a la palabra del Señor.

1 Crónicas 12:23 (RVR1960) Y este es el número de los principales que estaban listos para la guerra, y vinieron a David en Hebrón para traspasarle el reino de Saúl, conforme a la palabra de Jehová

Su "Propósito principal de Vida " será igual que el de David. Es la "Palabra del Señor" para su vida. Cuando esta declaración veinticinco palabra es creada y revelada correctamente en el papel, las ocho provincias de su vida se unirán a ayudar a establecer ese propósito. ¡Será un punto de unificación y de reunión que le ayudará como nunca lo haya experimentado!

Habacuc 2:2-3 (RVR1960) Y Jehová me respondió, y dijo: Escribe la visión, y declárala en tablas, para que corra el que leyere en ella. Aunque la visión tardará aún por un tiempo, mas se apresura hacia el fin, y no mentirá; aunque tardare, espéralo, porque sin duda vendrá, no tardará.

Escribir su declaración de "Propósito principal de Vida " llevará algún tiempo, paciencia y habilidad desarrollada. Lo más probable es que usted ya a tomar notas, escribir y volver a escribir su declaración una y otra vez, hasta que encaje perfectamente. Vamos a empezar.

Lo primero que vamos a hacer es escribir tantas palabras claves como sea posible que definan quién es usted y lo que usted hace (página siguiente). ¿Puede escribir por lo menos veinte palabras clave? Escriba lo más que pueda. Estas palabras clave serán muy importantes porque se va a definir el verdadero tú. Estas palabras serán muy importantes para contar la historia de ese núcleo en su vida. Asegúrese de que está utilizando palabras que hablan en voz alta acerca de quién es usted y lo que le gusta hacer.

En las siguientes líneas, escriba la mayor cantidad de palabras clave como lo definan, en base a lo siguiente:

1. Mire las metas de sus ocho territorios y encuentre palabras clave que representen esos objetivos. También, busque las palabras clave que se mencionan al principio de cada página del objetivo territorial.
2. Considere el significado de su nombre y vea si hay alguna palabra clave en su nombre que defina quién es usted. Anótelas. Por ejemplo, el nombre "Daniel" es juzgado por Dios, y el juez de Dios. Estas palabras clave puedan darle una idea para su declaración de veinticinco palabras. Si usted no sabe cómo buscar un nombre, vaya a www.behindthename.com o cualquier otro sitio en línea donde definan los nombres, y echa un vistazo a su nombre.
3. Tenga en cuenta sus características personales, fortalezas, llamados o propósitos. Es posible que tenga algunas de las mismas cualidades y rasgos de carácter de sus padres u otros miembros de la familia. Si usted puede encontrar las palabras claves en esta área, escríbalos.
4. ¿Ha tenido alguna profecía o declaración poderosa sobre usted en el pasado que se puede relacionar? Si hay alguna palabra clave que se pueden encontrar a partir de estas declaraciones, escríbala. Hay un joven que siempre se ha aferrado a una profecía que le dijeron años atrás, y sus palabras claves eran "Cambiador Del Mundo". ¿Tal vez usted tenga alguna profecía que sea significativa para usted también?

Escriba las palabras clave de todo lo que se pueda imaginar. Trate de escribir un mínimo de 20 palabras, esperemos que se le ocurran aun más.

EJEMPLO: Jaime ha escrito las siguientes palabras clave: Medios de comunicación, equipos de video, audio, componer, cantar, adorar, Guitarra, Piano, Misiones, Viajes, Evangelismo, Liderazgo, Negocios, Equipo de riqueza, dar, alimentar a los niños,

Palabras clave para la declaración del "Propósito principal de Vida":

Ahora que usted ha escrito numerosas palabras clave que lo ayudarán a identificar quién es usted por completo, usted va a empezar a escribir una declaración de veinticinco palabras que mejor lo represente en su núcleo. Esta declaración o Propósito principal de su Vida vendrá de su corazón. Será una declaración de motivos que surge de su núcleo interior y se expresa en el papel. Tendrán que elegir sus palabras sabiamente. Cada palabra es muy importante. Una vez que usted escriba su primer borrador, léalo y planee volver a escribirlo. Muchas palabras que utilizó en el primer borrador es probable que puedan ser eliminadas o fusionadas. Cuantas más palabras se pueden fusionar o eliminar, más claro va a poder construir su declaración de veinticinco palabras.

EJEMPLO: Jaime escribió su primer borrador de su Propósito principal de su Vida de esta manera:

BORRADOR # 1: Usar mis talentos de video y audio dados por Dios para alcanzar al mundo para Jesús. Ser un líder de alabanza y misionero en la iglesia.

Borrador #1: Su "Propósito principal de Vida" En 25 Palabras

En el ejemplo, Jaime tuvo problemas para escribir toda su visión en su declaración de veinticinco palabras. Dejó fuera "Equipo de Liderazgo, Negocios, Riqueza, Dar y alimentación de los niños". Estas son cosas muy importantes de su Propósito principal de su Vida, pero que no están en el borrador de su declaración. Por lo tanto, vamos a hacer algunos cambios en su primer borrador, y vamos a cambiar algunas palabras. El resultado final será una declaración refinada que va a tener sentido para Jaime y que cuenta la historia completa.

BORRADOR # 1: Usar mis talentos de video y audio dados por Dios para alcanzar al mundo para Jesús. Ser un líder de alabanza y misionero en la iglesia.

En primer lugar, sabemos que Jaime es talentoso y tiene muchos dones, y que Dios le ha dado esos talentos. Por lo tanto, podemos quitar las siguientes palabras fuera de la declaración, porque son ya evidentes por sí mismas:

BORRADOR #1: ~~Usar mis talentos de video y audio dados por Dios~~ para alcanzar al mundo para Jesús. Ser un líder de alabanza y misionero en la iglesia.

Escrito de otra manera:

BORRADOR #2: Uso de los medios de comunicación para alcanzar el mundo para Jesús. Ser un líder de alabanza y misionero en la iglesia.

Ahora sabemos que Jaime hará uso de su liderazgo y trabajo misionero en y para la Iglesia. Y también sabemos que todavía no hemos usado las palabras "Equipo de Liderazgo, Negocios, Riqueza, Dar, alimentación de los niños" en la declaración de su Propósito principal de Vida Es posible que podamos fusionar algunas palabras e ideas para obtener estos conceptos básicos importantes en su declaración. Jaime rescribe su borrador una y otra vez, contando las palabras para asegurarse de que tiene exactamente veinticinco palabras. Termina con el borrador #3, que dice:

BORRADOR #3: Uso medios de comunicación, adoración y liderazgo de equipos misioneros para alcanzar el mundo para Jesús. Usar ganancias de compañías para alimentar niños hambrientos.

Jaime ahora ha modificado la declaración de 25 palabras de su propósito y se siente muy bien al respecto. Esta declaración está escrita desde el corazón, y ahora lo tiene en el papel, delante de él, ya esta para que el mundo lo vea. Dice así:

DECLARACION FINAL DE VEINTICINCO PALABRAS: Uso de medios de comunicación, adoración y liderazgo de equipos misioneros para alcanzar el mundo para Jesús. Usar ganancias de compañías para alimentar niños hambrientos.

NOTA: Si Jaime lo desea, puede continuar refinando esta declaración de veinticinco palabras en el futuro. Las tres últimas palabras de su declaración dice "todo el mundo". Sin embargo, podría sustituir estas tres palabras con la palabra "internacional". Esto le daría espacio para agregar dos palabras claves más poderosas palabras clave a utilizar en su declaración de veinticinco palabras para ayudar a exponer su propósito fundamental el papel.

Muchas personas se relacionan y están llenas de alegría, emoción y una profunda satisfacción cuando ven esto terminado delante de ellos.

Ahora, mire su declaración de veinticinco palabras y trate de volver a escribirlo. Combine palabras para hacer la declaración más fuerte. Elimine palabras extra que en realidad no ayudan a la declaración. Ya sabemos que ama a Dios, y que usted está haciendo su voluntad. Dele poder a sus veinticinco palabras para que cada una de ellas cuente.

Borrador #2: Su " Propósito principal de Vida " en 25 Palabras

Borrador #3: Su " Propósito principal de Vida " en 25 Palabras

DECLARACION FINAL DE VEINTICINCO PALABRAS:

Vuelva a escribir esta declaración tantas veces como sea necesario hasta que se sienta realmente cómodo acerca de esta. Usted sabrá cuando haya terminado con ella porque esta declaración va a saltar de las páginas de este libro y será ¡USTED EN EL PAPEL! Usted lo sabrá.

NOTA # 1: Usted necesita tomar algún tiempo con esto. Una de cada cuatro personas necesita centrarse, orar y tomar un par de días con esta declaración final. Pero es importante que se abra paso y escriba la declaración. Esta es la CLAVE de su éxito. Por lo tanto, tómese el tiempo necesario, ayune, si es necesario, y no se levante de la mesa hasta que haya completado esta declaración y este satisfecho. Usted está abriéndose paso en un área que nunca ha estado antes. Usted está desenterrando los efectos profundos de su corazón y lo está escribiendo en papel. Algunas personas son muy complejas y sus llamados son muy detallados. Y algunas cosas que necesitan ser escritas en un papel nunca han sido habladas o sacadas de su corazón antes. Obtenga su avance. Quédese con esto hasta que usted esté satisfecho con su declaración final.

NOTA # 2: Una vez que tenga una buena declaración de la cual esté seguro, no olvide que esta declaración tendrá que pasar por la mente de Dios y por el fuego de Su Palabra. Por lo tanto, usted se encontrará con que tiene que modificarla aún más en las próximas semanas o meses. Esto es absolutamente normal y esperado de alguien que ha optado por llevar a Dios en su fijación de objetivos y plan de vida. Sea flexible y esté dispuesto a cambiar o modificar esta declaración de veinticinco palabra en las próximas semanas o meses.

Con la declaración de veinticinco palabras en su lugar, ahora los ocho territorios de su vida tienen un punto de encuentro y una declaración centrada que puedan relacionarse. Si bien cada uno de esos territorios tiene su propia identidad, es importante que todos esos ocho territorios trabajen juntos para cumplir un tema en específico y propósito principal en su vida. Con esta declaración en su lugar, los ocho territorios se unificarán y se convertirán en uno para empujar hacia adelante con el fin de ayudar a cumplir esa declaración.

Copie esta declaración en papel. Escríbala en el capítulo 20 y en tarjetas para notas. Pegue en su refrigerador. Ponga una en el tablero del auto. Péguela en el monitor de la computadora. Y vívala. Dele tiempo de calidad. Memorícela y actívela en los ocho territorios de su vida. Comprométase a hacer al menos una cosa por día para llegar adelante y cumplir con su declaración del propósito principal de vida y objetivos territoriales. ¡Felicitaciones!

Notas del Seminario para el Capítulo 9:

Habacuc 2:2 "Y Jehová me respondió, y dijo: Escribe la visión, y declárala en tablas, para que corra el que leyere en ella".

Capítulo 10
Instrucciones Finales Para El Mejor Uso De Este Libro

Usted ha aprendido que Dios tiene un plan divino trazado para usted. Sin embargo, ese plan se esconde muy dentro de su corazón. Es su trabajo cavar profundo y recuperar el plan, filtrándolo a través de la oración y la lectura de la Palabra de Dios cada día. Usted aprenderá a trabajar junto con el Espíritu Santo para negociar el plan de acuerdo a Su voluntad y propósito. A continuación, usted comenzará a concentrarse, escribir la visión en este libro y va a caminar con la visión y a trabajar con ella día a día para que usted pueda ver que sucederá en su vida. Usted se centrará, orara, y se moverá en múltiples dimensiones de tiempo, como un año, cinco años, diez años, veinte años y cincuenta años en el futuro.

1. Comience anotando sus metas a corto, mediano y largo plazo y los objetivos para cada territorio de su vida (ocho en total - físico, mental, espiritual, social, educativo, profesional, marital y financiero). Va a encontrar los "objetivos" de la página en la parte frontal de cada territorio en esta sección del libro. Tómese su tiempo para meditar en silencio sobre su futuro, pidiendo a Dios que le ayude con pensamientos de inspiración y visión inspirada por el Espíritu Santo. Utilice las "Palabras clave" al principio de cada sección territorial para ayudar a estimular su pensamiento.

2. Haga el compromiso supremo de un año de leer la biblia todos los días por un año y firme el acuerdo con Dios en el capítulo seis. Esto le servirá como filtro, el fuego del cielo, y el agua purificadora que limpiará su vida, metas y visión. Interacción diaria con la Palabra se convertirá en una lámpara para sus pies y luz en tu camino (Salmo 119:105) y el Espíritu Santo usará la Santa Biblia para inspirar, motivar y hablarle con claridad acerca de los objetivos de su vida y su divino propósito en la tierra.

3. Escriba su "Declaración del propósito principal de Vida " de veinticinco palabras (capítulo nueve) para que usted tenga una comprensión sólida de lo que eres en veinticinco palabras.

4. Usted escribirá aquí todos los días mientras lee la Palabra de Dios. Cuando encuentre una escritura que se adapte a uno o más de los ocho "territorios de vida", escribe la escritura y lo que significa para usted en sus notas. Si Dios le está hablando, enseñando, e inspirando, anótelo para que lo pueda recordar. Si necesita modificar o cambiar una de sus metas debido a que Dios le está dando una nueva dirección a través de la palabra, entonces hágalo. Tome nota de todas las veces que este solo con la Palabra de Dios y el Espíritu Santo cuando Él le esté dirigiendo o cambiando su dirección. No se preocupe. Un borrador es absolutamente necesario, porque va a estar haciendo muchos cambios y adiciones a sus metas conforme la Palabra de Dios le filtre cada día.

5. Escoja un día a la semana y repase sus metas. Un gran día es domingo por la mañana antes del culto de la iglesia. Ármese con sus metas y visiones, y luego deje que el mensaje del domingo por la mañana de la iglesia le inspire. Ore por sus metas. Pídale a Dios que filtre y enfoque sus metas y visión a través de Su Palabra cada día que usted la lea. Pídale inspiración al Espíritu Santo para que le ayude a entender sus metas y para escribir la visión correctamente.

Pídale a Dios que le ayude a cumplir sus metas y visiones. Dele gracias por ayudarle a acercarse a Él y por su ayuda con las metas y visión de su vida.

6. Al cabo de un año, vas a re-escribir sus metas a corto, mediano y largo plazo. Marque las metas que se alcanzaron durante su año de filtrar y enfocar. Note la diferencia en sus objetivos y visión desde el principio del año hasta el final del año. Sus objetivos se han modificado, cambiado, avanzado, limpiado y purificado por el Espíritu Santo y la Palabra poderosa de Dios. ¡Felicitaciones! Ahora tiene un conjunto completo de metas a corto, mediano y largo plazo que se han filtrado a través de toda la Biblia y se han remojado un año entero en la oración, filtrado y enfocado. Usted puede estar seguro de que Dios lo está guiando hacia estas metas y visiones para su vida, y usted habrá encontrado que Él se está involucrando con usted para ayudarle a realizar las tareas y cumplir con las metas. Su disciplina adquirida está marcando el rumbo para el resto de su vida.

7. Inicie el proceso de nuevo cada año. Continuamente añadiendo mas metas a corto plazo que le ayudarán a llegar a su medio y largo plazo. Siga leyendo la Palabra de Dios y pidiendo al Espíritu Santo la agudeza y la comprensión, por puertas abiertas y milagros para ayudar a lograr sus metas. Esas son sin duda las metas que Dios quiere que persiga porque han sido llevados a la superficie desde el fondo de su corazón. Han pasado a través de la limpieza, purificación de la Palabra de Dios y la oración, y sobrevivió el calor y el fuego del Espíritu Santo. Son de oro, plata y piedras preciosas para que usted pueda honrar, perseguir y poseer. ¡Felicitaciones!

Notas del Seminario para el Capítulo 10:

Habacuc 2:2 "Y Jehová me respondió, y dijo: Escribe la visión, y declárala en tablas, para que corra el que leyere en ella".

Capítulo 11: "El Club De Las Cinco"
Calendario Diario Para Leer La Biblia

Lea 2 capítulos en el Antiguo Testamento, dos capítulos en el Nuevo Testamento, cinco capítulos en los Salmos, un capítulo de Proverbios. Cuando haya terminado de leer lo de ese día, ponga una marca en la casilla de la derecha. Si alguna vez se queda atrás, póngase al día el día siguiente y continúe con la marca de verificación para cada día. Asegúrese de añadir una nota de algún tipo cada día que usted lea la Biblia. Ore y pídale a Dios que le hable a su vida a través de Su Palabra viva. Se recomienda que usted comience a leer a la fecha actual en el calendario. Usted será parte de muchos creyentes de todo el mundo que también están leyendo las mismas Escrituras ese día. Vaya a www.doctordanieldaves.com, para participar en el foro Compass Guide, lea y publique comentarios que traten de su aventura durante el día a través de la lectura de la Biblia.

Fecha	Antiguo Testamento	Nuevo Testamento	Salmos	Proverbios	Check
1 de Enero	Génesis 1-2	Mateo 1-2	Salmos 1-5	Proverbios 1	
2 de Enero	Génesis 3-4	Mateo 3-4	Salmos 6-10	Proverbios 2	
3 de Enero	Génesis 5-6	Mateo 5-6	Salmos 11-15	Proverbios 3	
4 de Enero	Génesis 7-8	Mateo 7-8	Salmos 16-20	Proverbios 4	
5 de Enero	Génesis 9-10	Mateo 9-10	Salmos 21-25	Proverbios 5	
6 de Enero	Génesis 11-12	Mateo 11-12	Salmos 26-30	Proverbios 6	
7 de Enero	Génesis 13-14	Mateo 13-14	Salmos 31-35	Proverbios 7	
8 de Enero	Génesis 15-16	Mateo 15-16	Salmos 36-40	Proverbios 8	
9 de Enero	Génesis 17-18	Mateo 17-18	Salmos 41-45	Proverbios 9	
10 de Enero	Génesis 19-20	Mateo 19-20	Salmos 46-50	Proverbios 10	
11 de Enero	Génesis 21-22	Mateo 21-22	Salmos 51-55	Proverbios 11	
12 de Enero	Génesis 23-24	Mateo 23-24	Salmos 56-60	Proverbios 12	
13 de Enero	Génesis 25-26	Mateo 25-26	Salmos 61-65	Proverbios 13	
14 de Enero	Génesis 27-28	Mateo 27-28	Salmos 66-70	Proverbios 14	
15 de Enero	Génesis 29-30	Marcos 1-2	Salmos 71-75	Proverbios 15	
16 de Enero	Génesis 31-32	Marcos 3-4	Salmos 76-80	Proverbios 16	
17 de Enero	Génesis 33-34	Marcos 5-6	Salmos 81-85	Proverbios 17	
18 de Enero	Génesis 35-36	Marcos 7-8	Salmos 86-90	Proverbios 18	
19 de Enero	Génesis 37-38	Marcos 9-10	Salmos 91-95	Proverbios 19	
20 de Enero	Génesis 39-40	Marcos 11-12	Salmos 96-100	Proverbios 20	
21 de Enero	Génesis 41-42	Marcos 13-14	Salmos 101-105	Proverbios 21	
22 de Enero	Génesis 43-44	Marcos 15-16	Salmos 106-110	Proverbios 22	
23 de Enero	Génesis 45-47	Lucas 1-2	Salmos 111-115	Proverbios 23	
24 de Enero	Génesis 48 - 50	Lucas 3-4	Salmos 116-120	Proverbios 24	
25 de Enero	Éxodo 1-2	Lucas 5-6	Salmos 121-125	Proverbios 25	
26 de Enero	Éxodo 3-4	Lucas 7-8	Salmos 126-130	Proverbios 26	
27 de Enero	Éxodo 5-6	Lucas 9-10	Salmos 131-135	Proverbios 27	

"EL Club De Las Cinco"
Calendario Diario Para Leer La Biblia

Fecha	Antiguo Testamento	Nuevo Testamento	Salmos	Proverbios	Check
28 de Enero	Éxodo 7-8	Lucas 11-12	Salmos 136-140	Proverbios 28	
29 de Enero	Éxodo 9-10	Lucas 13-14	Salmos 141-145	Proverbios 29	
30 de Enero	Éxodo 11-12	Lucas 15-16	Salmos 146-150	Proverbios 30	
31 de Enero	Éxodo 13-14	Lucas 17-18	Salmos 1-5	Proverbios 31	
1 de Febrero	Éxodo 15-16	Lucas 19-20	Salmos 6-10	Proverbios 1	
2 de Febrero	Éxodo 17-18	Lucas 21-22	Salmos 11-15	Proverbios 2	
3 de Febrero	Éxodo 19-20	Lucas 23-24	Salmos 16-20	Proverbios 3	
4 de Febrero	Éxodo 21-22	Juan 1-2	Salmos 21-25	Proverbios 4	
5 de Febrero	Éxodo 23-24	Juan 3-4	Salmos 26-30	Proverbios 5	
6 de Febrero	Éxodo 25-26	Juan 5-6	Salmos 31-35	Proverbios 6	
7 de Febrero	Éxodo 27-28	Juan 7-8	Salmos 36-40	Proverbios 7	
8 de Febrero	Éxodo 29-30	Juan 9-10	Salmos 41-45	Proverbios 8	
9 de Febrero	Éxodo 31-32	Juan 11-12	Salmos 46-50	Proverbios 9	
10 de Febrero	Éxodo 33-34	Juan 13-14	Salmos 51-55	Proverbios 10	
11 de Febrero	Éxodo 35-37	Juan 15-16	Salmos 56-60	Proverbios 11	
12 de Febrero	Éxodo 38-40	Juan 17-18	Salmos 61-65	Proverbios 12	
13 de Febrero	Levítico 1-2	Juan 19-20	Salmos 66-70	Proverbios 13	
14 de Febrero	Levítico 3-4	Juan 21	Salmos 71-75	Proverbios 14	
15 de Febrero	Levítico 5-6	Hechos 1-2	Salmos 76-80	Proverbios 15	
16 de Febrero	Levítico 7-8	Hechos 3-4	Salmos 81-85	Proverbios 16	
17 de Febrero	Levítico 9-10	Hechos 5-6	Salmos 86-90	Proverbios 17	
18 de Febrero	Levítico 11-12	Hechos 7-8	Salmos 91-95	Proverbios 18	
19 de Febrero	Levítico 13-14	Hechos 9-10	Salmos 96-100	Proverbios 19	
20 de Febrero	Levítico 15-16	Hechos 11-12	Salmos 101-105	Proverbios 20	
21 de Febrero	Levítico 17-18	Hechos 13-14	Salmos 106-110	Proverbios 21	
22 de Febrero	Levítico 19-20	Hechos 15-16	Salmos 111-115	Proverbios 22	
23 de Febrero	Levítico 21-22	Hechos 17-18	Salmos 116-120	Proverbios 23	
24 de Febrero	Levítico 23-24	Hechos 19-20	Salmos 121-125	Proverbios 24	
25 de Febrero	Levítico 25-27	Hechos 21-22	Salmos 126-130	Proverbios 25	
26 de Febrero	Números 1-2	Hechos 23-24	Salmos 131-135	Proverbios 26	
27 de Febrero	Día Libre	Hechos 25-26	Salmos 136-140	Proverbios 27	
28 de Febrero	Números 3-4	Hechos 27-28	Salmos 141-145	Proverbios 28	
29 de Febrero	Números 5-6	Día Libre	Día Libre	Proverbios 29	
1 de Marzo	Números 7-8	Romanos 1-2	Salmos 146-150	Proverbios 1	
2 de Marzo	Números 9-10	Romanos 3-4	Salmos 1-5	Proverbios 2	

"EL Club De Las Cinco"
Calendario Diario Para Leer La Biblia

Fecha	Antiguo Testamento	Nuevo Testamento	Salmos	Proverbios	Check
3 de Marzo	Números 11-12	Romanos 5-6	Salmos 6-10	Proverbios 3	
4 de Marzo	Números 13-14	Romanos 7-8	Salmos 11-15	Proverbios 4	
5 de Marzo	Números 15-16	Romanos 9-10	Salmos 16-20	Proverbios 5	
6 de Marzo	Números 17-18	Romanos 11-12	Salmos 21-25	Proverbios 6	
7 de Marzo	Números 19-20	Romanos 13-14	Salmos 26-30	Proverbios 7	
8 de Marzo	Números 21-22	Romanos 15-16	Salmos 31-35	Proverbios 8	
9 de Marzo	Números 23-24	1 Cor. 1-2	Salmos 36-40	Proverbios 9	
10 de Marzo	Números 25-26	1 Cor. 3-4	Salmos 41-45	Proverbios 10	
11 de Marzo	Números 27-28	1 Cor. 5-6	Salmos 46-50	Proverbios 11	
12 de Marzo	Números 29-30	1 Cor. 7-8	Salmos 51-55	Proverbios 12	
13 de Marzo	Números 31-33	1 Cor. 9-10	Salmos 56-60	Proverbios 13	
14 de Marzo	Números 34-36	1 Cor. 11-12	Salmos 61-65	Proverbios 14	
15 de Marzo	Deut. 1-2	1 Cor. 13-14	Salmos 66-70	Proverbios 15	
16 de Marzo	Deut. 3-4	1 Cor. 15-16	Salmos 71-75	Proverbios 16	
17 de Marzo	Deut. 5-6	2 Cor 1-2	Salmos 76-80	Proverbios 17	
18 de Marzo	Deut. 7-8	2 Cor. 3-4	Salmos 81-85	Proverbios 18	
19 de Marzo	Deut 9-10	2 Cor. 5-6	Salmos 86-90	Proverbios 19	
20 de Marzo	Deut 11-12	2 Cor. 7-8	Salmos 91-95	Proverbios 20	
21 de Marzo	Deut 13-14	2 Cor. 9-10	Salmos 96-100	Proverbios 21	
22 de Marzo	Deut 15-16	2 Cor. 11-12	Salmos 101-105	Proverbios 22	
23 de Marzo	Deut 17-18	2 Cor. 13	Salmos 106-110	Proverbios 23	
24 de Marzo	Deut 19-20	Gálatas 1-2	Salmos 111-115	Proverbios 24	
25 de Marzo	Deut 21-22	Gálatas 3-4	Salmos 116-120	Proverbios 25	
26 de Marzo	Deut 23-24	Gálatas 5-6	Salmos 121-125	Proverbios 26	
27 de Marzo	Deut 25-26	Efesios 1-2	Salmos 126-130	Proverbios 27	
28 de Marzo	Deut. 27-28	Efesios 3-4	Salmos 131-135	Proverbios 28	
29 de Marzo	Deut. 29-31	Efesios 5-6	Salmos 136-140	Proverbios 29	
30 de Marzo	Deut. 32-34	Filipenses 1-2	Salmos 141-145	Proverbios 30	
31 de Marzo	Josué 1-2	Filipenses 3-4	Salmos 146-150	Proverbios 31	
1 de Abril	Josué 3-4	Colosenses 1-2	Salmos 1-5	Proverbios 1	
2 de Abril	Josué 5-6	Colosenses 3-4	Salmos 6-10	Proverbios 2	
3 de Abril	Josué 7-8	1 Tes. 1-2	Salmos 11-15	Proverbios 3	
4 de Abril	Josué 9-10	1 Tes. 3-4	Salmos 16-20	Proverbios 4	
5 de Abril	Josué 11-12	1 Tes. 5	Salmos 21-25	Proverbios 5	
6 de Abril	Josué 13-14	2 Tes. 1-2	Salmos 26-30	Proverbios 6	

"EL Club De Las Cinco"
Calendario Diario Para Leer La Biblia

Fecha	Antiguo Testamento	Nuevo Testamento	Salmos	Proverbios	Check
7 de Abril	Josué 15-16	2 Tes. 3	Salmos 31-35	Proverbios 7	
8 de Abril	Josué 17-18	1 Tim. 1-2	Salmos 36-40	Proverbios 8	
9 de Abril	Josué 19-21	1 Tim. 3-4	Salmos 41-45	Proverbios 9	
10 de Abril	Josué 22-24	1 Tim. 5-6	Salmos 46-50	Proverbios 10	
11 de Abril	Jueces 1-2	2 Tim. 1-2	Salmos 51-55	Proverbios 11	
12 de Abril	Jueces 3-4	2 Tim. 3-4	Salmos 56-60	Proverbios 12	
13 de Abril	Jueces 5-6	Tito 1-2	Salmos 61-65	Proverbios 13	
14 de Abril	Jueces 7-8	Tito 3, Filem. 1	Salmos 66-70	Proverbios 14	
15 de Abril	Jueces 9-10	Hebreos 1-2	Salmos 71-75	Proverbios 15	
16 de Abril	Jueces 11-12	Hebreos 3-4	Salmos 76-80	Proverbios 16	
17 de Abril	Jueces 13-14	Hebreos 5-6	Salmos 81-85	Proverbios 17	
18 de Abril	Jueces 15-16	Hebreos 7-8	Salmos 86-90	Proverbios 18	
19 de Abril	Jueces 17-18	Hebreos 9-10	Salmos 91-95	Proverbios 19	
20 de Abril	Jueces 19-21	Hebreos 11-12	Salmos 96-100	Proverbios 20	
21 de Abril	Rut 1-2	Hebreos 13	Salmos 101-105	Proverbios 21	
22 de Abril	Rut 3-4	Santiago 1-2	Salmos 106-110	Proverbios 22	
23 de Abril	1 Sam. 1-2	Santiago 3-4	Salmos 111-115	Proverbios 23	
24 de Abril	1 Sam. 3-4	Santiago 5	Salmos 116-120	Proverbios 24	
25 de Abril	1 Sam. 5-6	1 Pedro 1-2	Salmos 121-125	Proverbios 25	
26 de Abril	1 Sam. 7-8	1 Pedro 3-4	Salmos 126-130	Proverbios 26	
27 de Abril	1 Sam. 9-10	1 Pedro 5	Salmos 131-135	Proverbios 27	
28 de Abril	1 Sam. 11-12	2 Pedro 1-2	Salmos 136-140	Proverbios 28	
29 de Abril	1 Sam. 13-14	2 Pedro 3	Salmos 141-145	Proverbios 29	
30 de Abril	1 Sam. 15-16	1 Juan 1-2	Salmos 146-150	Proverbios 30	
1 de Mayo	1 Sam. 17-18	1 Juan 3-4	Salmos 1-5	Proverbios 1	
2 de Mayo	1 Sam. 19-20	1 Jn. 5, 2 Jn. 1	Salmos 6-10	Proverbios 2	
3 de Mayo	1 Sam. 21-22	3 Juan 1	Salmos 11-15	Proverbios 3	
4 de Mayo	1 Sam. 23-24	Judas	Salmos 16-20	Proverbios 4	
5 de Mayo	1 Sam. 25-26	Apocalipsis 1-2	Salmos 21-25	Proverbios 5	
6 de Mayo	1 Sam. 27-28	Apocalipsis 3-4	Salmos 26-30	Proverbios 6	
7 de Mayo	1 Sam. 29-30	Apocalipsis 5-6	Salmos 31-35	Proverbios 7	
8 de Mayo	1 Sam. 31	Apocalipsis 7-8	Salmos 36-40	Proverbios 8	
9 de Mayo	2 Sam. 1-2	Apocalipsis 9-10	Salmos 41-45	Proverbios 9	
10 de Mayo	2 Sam. 3-4	Ap. 11-12	Salmos 46-50	Proverbios 10	
11 de Mayo	2 Sam. 5-6	Ap. 13-14	Salmos 51-55	Proverbios 11	

"EL Club De Las Cinco"
Calendario Diario Para Leer La Biblia

Fecha	Antiguo Testamento	Nuevo Testamento	Salmos	Proverbios	Check
12 de Mayo	2 Sam. 7-8	Ap. 15-16	Salmos 56-60	Proverbios 12	
13 de Mayo	2 Sam. 9-10	Ap. 17-18	Salmos 61-65	Proverbios 13	
14 de Mayo	2 Sam. 11-12	Ap. 19-20	Salmos 66-70	Proverbios 14	
15 de Mayo	2 Sam. 13-14	Ap. 21-22	Salmos 71-75	Proverbios 15	
16 de Mayo	2 Sam. 15-16	Mateo 1-2	Salmos 76-80	Proverbios 16	
17 de Mayo	2 Sam. 17-18	Mateo 3-4	Salmos 81-85	Proverbios 17	
18 de Mayo	2 Sam. 19-20	Mateo 5-6	Salmos 86-90	Proverbios 18	
19 de Mayo	2 Sam. 21-22	Mateo 7-8	Salmos 91-95	Proverbios 19	
20 de Mayo	2 Sam. 23-24	Mateo 9-10	Salmos 96-100	Proverbios 20	
21 de Mayo	1 Reyes 1-2	Mateo 11-12	Salmos 101-105	Proverbios 21	
22 de Mayo	1 Reyes 3-4	Mateo 13-14	Salmos 106-110	Proverbios 22	
23 de Mayo	1 Reyes 5-6	Mateo 15-16	Salmos 111-115	Proverbios 23	
24 de Mayo	1 Reyes 7-8	Mateo 17-18	Salmos 116-120	Proverbios 24	
25 de Mayo	1 Reyes 9-10	Mateo 19-20	Salmos 121-125	Proverbios 25	
26 de Mayo	1 Reyes 11-12	Mateo 21-22	Salmos 126-130	Proverbios 26	
27 de Mayo	1 Reyes 13-14	Mateo 23-24	Salmos 131-135	Proverbios 27	
28 de Mayo	1 Reyes 15-16	Mateo 25-26	Salmos 136-140	Proverbios 28	
29 de Mayo	1 Reyes 17-18	Mateo 27-28	Salmos 141-145	Proverbios 29	
30 de Mayo	1 Reyes 19-20	Marcos 1-2	Salmos 146-150	Proverbios 30	
31 de Mayo	1 Reyes 21-22	Marcos 3-4	Salmos 1-5	Proverbios 31	
1 de Junio	2 Reyes 1-2	Marcos 5-6	Salmos 6-10	Proverbios 1	
2 de Junio	2 Reyes 3-4	Marcos 7-8	Salmos 11-15	Proverbios 2	
3 de Junio	2 Reyes 5-6	Marcos 9-10	Salmos 16-20	Proverbios 3	
4 de Junio	2 Reyes 7-8	Marcos 11-12	Salmos 21-25	Proverbios 4	
5 de Junio	2 Reyes 9-10	Marcos 13-14	Salmos 26-30	Proverbios 5	
6 de Junio	2 Reyes 11-12	Marcos 15-16	Salmos 31-35	Proverbios 6	
7 de Junio	2 Reyes 13-14	Lucas 1-2	Salmos 36-40	Proverbios 7	
8 de Junio	2 Reyes 15-16	Lucas 3-4	Salmos 41-45	Proverbios 8	
9 de Junio	2 Reyes 17-18	Lucas 5-6	Salmos 46-50	Proverbios 9	
10 de Junio	2 Reyes 19-20	Lucas 7-8	Salmos 51-55	Proverbios 10	
11 de Junio	2 Reyes 21-22	Lucas 9-10	Salmos 56-60	Proverbios 11	
12 de Junio	2 Reyes 23-25	Lucas 11-12	Salmos 61-65	Proverbios 12	
13 de Junio	1 Crónicas 1-2	Lucas 13-14	Salmos 66-70	Proverbios 13	
14 de Junio	1 Crónicas 3-4	Lucas 15-16	Salmos 71-75	Proverbios 14	
15 de Junio	1 Crónicas 5-6	Lucas 17-18	Salmos 76-80	Proverbios 15	
16 de Junio	1 Crónicas 7-8	Lucas 19-20	Salmos 81-85	Proverbios 16	

"EL Club De Las Cinco"
Calendario Diario Para Leer La Biblia

Fecha	Antiguo Testamento	Nuevo Testamento	Salmos	Proverbios	Check
17 de Junio	1 Crónicas 9-10	Lucas 21-22	Salmos 86-90	Proverbios 17	
18 de Junio	1 Crón. 11-12	Lucas 23-24	Salmos 91-95	Proverbios 18	
19 de Junio	1 Crón. 13-14	Juan 1-2	Salmos 96-100	Proverbios 19	
20 de Junio	1 Crón. 15-16	Juan 3-4	Salmos 101-105	Proverbios 20	
21 de Junio	1 Crón. 17-18	Juan 5-6	Salmos 106-110	Proverbios 21	
22 de Junio	1 Crón. 19-20	Juan 7-8	Salmos 111-115	Proverbios 22	
23 de Junio	1 Crón. 21-22	Juan 9-10	Salmos 116-120	Proverbios 23	
24 de Junio	1 Crón. 23-25	Juan 11-12	Salmos 121-125	Proverbios 24	
25 de Junio	1 Crón. 26-29	Juan 13-14	Salmos 126-130	Proverbios 25	
26 de Junio	2 Crónicas 1-2	Juan 15-16	Salmos 131-135	Proverbios 26	
27 de Junio	2 Crónicas 3-4	Juan 17-18	Salmos 136-140	Proverbios 27	
28 de Junio	2 Crónicas 5-6	Juan 19-20	Salmos 141-145	Proverbios 28	
29 de Junio	2 Crónicas 7-8	Juan 21	Salmos 146-150	Proverbios 29	
30 de Junio	2 Crónicas 9-10	Hechos 1-2	Salmos 1-5	Proverbios 30	
1 de Julio	2 Crón. 11-12	Hechos 3-4	Salmos 6-10	Proverbios 1	
2 de Julio	2 Crón. 13-14	Hechos 5-6	Salmos 11-15	Proverbios 2	
3 de Julio	2 Crón. 15-16	Hechos 7-8	Salmos 16-20	Proverbios 3	
4 de Julio	2 Chon. 17-18	Hechos 9-10	Salmos 21-25	Proverbios 4	
5 de Julio	2 Crón. 19-20	Hechos 11-12	Salmos 26-30	Proverbios 5	
6 de Julio	2 Crón. 21-22	Hechos 13-14	Salmos 31-35	Proverbios 6	
7 de Julio	2 Crón. 23-24	Hechos 15-16	Salmos 36-40	Proverbios 7	
8 de Julio	2 Crón. 25-26	Hechos 17-18	Salmos 41-45	Proverbios 8	
9 de Julio	2 Crón. 27-28	Hechos 19-20	Salmos 46-50	Proverbios 9	
10 de Julio	2 Crón. 29-30	Hechos 21-22	Salmos 51-55	Proverbios 10	
11 de Julio	2 Crón. 31-33	Hechos 23-24	Salmos 56-60	Proverbios 11	
12 de Julio	2 Crón. 34-36	Hechos 25-26	Salmos 61-65	Proverbios 12	
13 de Julio	Esdras 1-2	Hechos 27-28	Salmos 66-70	Proverbios 13	
14 de Julio	Esdras 3-4	Romanos 1-2	Salmos 71-75	Proverbios 14	
15 de Julio	Esdras 5-6	Romanos 3-4	Salmos 76-80	Proverbios 15	
16 de Julio	Esdras 7-8	Romanos 5-6	Salmos 81-85	Proverbios 16	
17 de Julio	Esdras 9-10	Romanos 7-8	Salmos 86-90	Proverbios 17	
18 de Julio	Neh. 1-2	Romanos 9-10	Salmos 91-95	Proverbios 18	
19 de Julio	Neh. 3-4	Romanos 11-12	Salmos 96-100	Proverbios 19	
20 de Julio	Neh. 5-6	Romanos 13-14	Salmos 101-105	Proverbios 20	
21 de Julio	Neh. 7-8	Romanos 15-16	Salmos 106-110	Proverbios 21	
22 de Julio	Neh. 9-10	1 Cor. 1-2	Salmos 111-115	Proverbios 22	

"EL Club De Las Cinco"
Calendario Diario Para Leer La Biblia

Fecha	Antiguo Testamento	Nuevo Testamento	Salmos	Proverbios	Check
23 de Julio	Neh. 11-13	1 Cor. 3-4	Salmos 116-120	Proverbios 23	
24 de Julio	Esther 1-2	1 Cor. 5-6	Salmos 121-125	Proverbios 24	
25 de Julio	Esther 3-4	1 Cor. 7-8	Salmos 126-130	Proverbios 25	
26 de Julio	Esther 5-6	1 Cor. 9-10	Salmos 131-135	Proverbios 26	
27 de Julio	Esther 7-8	1 Cor. 11-12	Salmos 136-140	Proverbios 27	
28 de Julio	Esther 9-10	1 Cor. 13-14	Salmos 141-145	Proverbios 28	
29 de Julio	Job 1-2	1 Cor. 15-16	Salmos 146-150	Proverbios 29	
30 de Julio	Job 3-4	2 Cor. 1-2	Salmos 1-5	Proverbios 30	
31 de Julio	Job 5-6	2 Cor. 3-4	Salmos 6-10	Proverbios 31	
1 de Agosto	Job 7-8	2 Cor. 5-6	Salmos 11-15	Proverbios 1	
2 de Agosto	Job 9-10	2 Cor. 7-8	Salmos 16-20	Proverbios 2	
3 de Agosto	Job 11-12	2 Cor. 9-10	Salmos 21-25	Proverbios 3	
4 de Agosto	Job 13-14	2 Cor. 11-12	Salmos 26-30	Proverbios 4	
5 de Agosto	Job 15-16	2 Cor. 13	Salmos 31-35	Proverbios 5	
6 de Agosto	Job 17-18	Gálatas 1-2	Salmos 36-40	Proverbios 6	
7 de Agosto	Job 19-20	Gálatas 3-4	Salmos 41-45	Proverbios 7	
8 de Agosto	Job 21-22	Gálatas 5-6	Salmos 46-50	Proverbios 8	
9 de Agosto	Job 23-24	Efesios 1-2	Salmos 51-55	Proverbios 9	
10 de Agosto	Job 25-26	Efesios 3-4	Salmos 56-60	Proverbios 10	
11 de Agosto	Job 27-28	Efesios 5-6	Salmos 61-65	Proverbios 11	
12 de Agosto	Job 29-30	Filipenses 1-2	Salmos 66-70	Proverbios 12	
13 de Agosto	Job 31-32	Filipenses 3-4	Salmos 71-75	Proverbios 13	
14 de Agosto	Job 33-34	Colosenses1-2	Salmos 76-80	Proverbios 14	
15 de Agosto	Job 35-36	Colosenses3-4	Salmos 81-85	Proverbios 15	
16 de Agosto	Job 37-38	1 Tes. 1-2	Salmos 86-90	Proverbios 16	
17 de Agosto	Job 39-40	1 Tes. 3-4	Salmos 91-95	Proverbios 17	
18 de Agosto	Job 41-42	1 Tes. 5	Salmos 96-100	Proverbios 18	
19 de Agosto	Eclesiastés 1-2	2 Tes. 1-2	Salmos 101-105	Proverbios 19	
20 de Agosto	Eclesiastés 3-4	2 Tes. 3	Salmos 106-110	Proverbios 20	
21 de Agosto	Eclesiastés 5-6	1 Tim. 1-2	Salmos 111-115	Proverbios 21	
22 de Agosto	Eclesiastés 7-8	1 Tim. 3-4	Salmos 116-120	Proverbios 22	
23 de Agosto	Eclesiastés 9-10	1 Tim. 5-6	Salmos 121-125	Proverbios 23	
24 de Agosto	Eclesiastés 11-12	2 Tim. 1-2	Salmos 126-130	Proverbios 24	
25 de Agosto	Cantares 1-2	2 Tim. 3-4	Salmos 131-135	Proverbios 25	
26 de Agosto	Cantares 3-4	Tito 1-2	Salmos 136-140	Proverbios 26	
27 de Agosto	Cantares 5-6	Tito 3, Filem 1	Salmos 141-145	Proverbios 27	

"EL Club De Las Cinco"
Calendario Diario Para Leer La Biblia

Fecha	Antiguo Testamento	Nuevo Testamento	Salmos	Proverbios	Check
28 de Agosto	Cantares 7-8	Hebreos 1-2	Salmos 146-150	Proverbios 28	
29 de Agosto	Isaías 1-2	Hebreos 3-4	Salmos 1-5	Proverbios 29	
30 de Agosto	Isaías 3-4	Hebreos 5-6	Salmos 6-10	Proverbios 30	
31 de Agosto	Isaías 5-6	Hebreos 7-8	Salmos 11-15	Proverbios 31	
1 de Setiembre	Isaías 7-8	Hebreos 9-10	Salmos 16-20	Proverbios 1	
2 de Setiembre	Isaías 9-10	Hebreos 11-12	Salmos 21-25	Proverbios 2	
3 de Setiembre	Isaías 11-12	Hebreos 13	Salmos 26-30	Proverbios 3	
4 de Setiembre	Isaías 13-14	Santiago 1-2	Salmos 31-35	Proverbios 4	
5 de Setiembre	Isaías 15-16	Santiago 3-4	Salmos 36-40	Proverbios 5	
6 de Setiembre	Isaías 17-18	Santiago 5	Salmos 41-45	Proverbios 6	
7 de Setiembre	Isaías 19-20	1 Pedro 1-2	Salmos 46-50	Proverbios 7	
8 de Setiembre	Isaías 21-22	1 Pedro 3-4	Salmos 51-55	Proverbios 8	
9 de Setiembre	Isaías 23-24	1 Pedro 5	Salmos 56-60	Proverbios 9	
10 de Setiembre	Isaías 25-26	2 Pedro 1-2	Salmos 61-65	Proverbios 10	
11 de Setiembre	Isaías 27-28	2 Pedro 3	Salmos 66-70	Proverbios 11	
12 de Setiembre	Isaías 29-30	1 Juan 1-2	Salmos 71-75	Proverbios 12	
13 de Setiembre	Isaías 31-32	1 Juan 3-4	Salmos 76-80	Proverbios 13	
14 de Setiembre	Isaías 33-34	1 Jn. 5, 2 Jn. 1	Salmos 81-85	Proverbios 14	
15 de Setiembre	Isaías 35-36	3 Juan 1	Salmos 86-90	Proverbios 15	
16 de Setiembre	Isaías 37-38	Judas	Salmos 91-95	Proverbios 16	
17 de Setiembre	Isaías 39-40	Apocalipsis 1-2	Salmos 96-100	Proverbios 17	
18 de Setiembre	Isaías 41-42	Apocalipsis 3-4	Salmos 101-105	Proverbios 18	
19 de Setiembre	Isaías 43-44	Apocalipsis 5-6	Salmos 106-110	Proverbios 19	
20 de Setiembre	Isaías 45-46	Apocalipsis 7-8	Salmos 111-115	Proverbios 20	
21 de Setiembre	Isaías 47-48	Apocalipsis 9-10	Salmos 116-120	Proverbios 21	
22 de Setiembre	Isaías 49-50	Ap. 11-12	Salmos 121-125	Proverbios 22	
23 de Setiembre	Isaías 51-52	Ap. 13-14	Salmos 126-130	Proverbios 23	
24 de Setiembre	Isaías 53-54	Ap. 15-16	Salmos 131-135	Proverbios 24	
25 de Setiembre	Isaías 55-56	Ap. 17-18	Salmos 136-140	Proverbios 25	
26 de Setiembre	Isaías 57-58	Ap. 19-20	Salmos 141-145	Proverbios 26	
27 de Setiembre	Isaías 59-60	Ap. 21-22	Salmos 146-150	Proverbios 27	
28 de Setiembre	Isaías 61-62	Mateo 1-2	Salmos 1-5	Proverbios 28	
29 de Setiembre	Isaías 63-64	Mateo 3-4	Salmos 6-10	Proverbios 29	
30 de Setiembre	Isaías 65-66	Mateo 5-6	Salmos 11-15	Proverbios 30	
1 de Octubre	Jeremías 1-2	Mateo 7-8	Salmos 16-20	Proverbios 1	
2 de Octubre	Jeremías 3-4	Mateo 9-10	Salmos 21-25	Proverbios 2	

"EL Club De Las Cinco"
Calendario Diario Para Leer La Biblia

Fecha	Antiguo Testamento	Nuevo Testamento	Salmos	Proverbios	Check
3 de Octubre	Jeremías 5-6	Mateo 11-12	Salmos 26-30	Proverbios 3	
4 de Octubre	Jeremías 7-8	Mateo 13-14	Salmos 31-35	Proverbios 4	
5 de Octubre	Jeremías 9-10	Mateo 15-16	Salmos 36-40	Proverbios 5	
6 de Octubre	Jeremías 11-12	Mateo 17-18	Salmos 41-45	Proverbios 6	
7 de Octubre	Jeremías 13-14	Mateo 19-20	Salmos 46-50	Proverbios 7	
8 de Octubre	Jeremías 15-16	Mateo 21-22	Salmos 51-55	Proverbios 8	
9 de Octubre	Jeremías 17-18	Mateo 23-24	Salmos 56-60	Proverbios 9	
10 de Octubre	Jeremías 19-20	Mateo 25-26	Salmos 61-65	Proverbios 10	
11 de Octubre	Jeremías 21-22	Mateo 27-28	Salmos 66-70	Proverbios 11	
12 de Octubre	Jeremías 23-24	Marcos 1-2	Salmos 71-75	Proverbios 12	
13 de Octubre	Jeremías 25-26	Marcos 3-4	Salmos 76-80	Proverbios 13	
14 de Octubre	Jeremías 27-28	Marcos 5-6	Salmos 81-85	Proverbios 14	
15 de Octubre	Jeremías 29-30	Marcos 7-8	Salmos 86-90	Proverbios 15	
16 de Octubre	Jeremías 31-32	Marcos 9-10	Salmos 91-95	Proverbios 16	
17 de Octubre	Jeremías 33-34	Marcos 11-12	Salmos 96-100	Proverbios 17	
18 de Octubre	Jeremías 35-36	Marcos 13-14	Salmos 101-105	Proverbios 18	
19 de Octubre	Jeremías 37-38	Marcos 15-16	Salmos 106-110	Proverbios 19	
20 de Octubre	Jeremías 39-40	Lucas 1-2	Salmos 111-115	Proverbios 20	
21 de Octubre	Jeremías 41-42	Lucas 3-4	Salmos 116-120	Proverbios 21	
22 de Octubre	Jeremías 43-44	Lucas 5-6	Salmos 121-125	Proverbios 22	
23 de Octubre	Jeremías 45-46	Lucas 7-8	Salmos 126-130	Proverbios 23	
24 de Octubre	Jeremías 47-48	Lucas 9-10	Salmos 131-135	Proverbios 24	
25 de Octubre	Jeremías 49-50	Lucas 11-12	Salmos 136-140	Proverbios 25	
26 de Octubre	Jeremías 51-52	Lucas 13-14	Salmos 141-145	Proverbios 26	
27 de Octubre	Lamentaciones 1-2	Lucas 15-16	Salmos 146-150	Proverbios 27	
28 de Octubre	Lamentaciones 3-5	Lucas 17-18	Salmos 1-5	Proverbios 28	
29 de Octubre	Ezequiel 1-2	Lucas 19-20	Salmos 6-10	Proverbios 29	
30 de Octubre	Ezequiel 3-4	Lucas 21-22	Salmos 11-15	Proverbios 30	
31 de Octubre	Ezequiel 5-6	Lucas 23-24	Salmos 16-20	Proverbios 31	
1 de Noviembre	Ezequiel 7-8	Juan 1-2	Salmos 21-25	Proverbios 1	
2 de Noviembre	Ezequiel 9-10	Juan 3-4	Salmos 26-30	Proverbios 2	
3 de Noviembre	Ezequiel 11-12	Juan 5-6	Salmos 31-35	Proverbios 3	
4 de Noviembre	Ezequiel 13-14	Juan 7-8	Salmos 36-40	Proverbios 4	
5 de Noviembre	Ezequiel 15-16	Juan 9-10	Salmos 41-45	Proverbios 5	
6 de Noviembre	Ezequiel 17-18	Juan 11-12	Salmos 46-50	Proverbios 6	
7 de Noviembre	Ezequiel 19-20	Juan 13-14	Salmos 51-55	Proverbios 7	

"EL Club De Las Cinco"
Calendario Diario Para Leer La Biblia

Fecha	Antiguo Testamento	Nuevo Testamento	Salmos	Proverbios	Check
8 de Noviembre	Ezequiel 21-22	Juan 15-16	Salmos 56-60	Proverbios 8	
9 de Noviembre	Ezequiel 23-24	Juan 17-18	Salmos 61-65	Proverbios 9	
10 de Noviembre	Ezequiel 25-26	Juan 19-20	Salmos 66-70	Proverbios 10	
11 de Noviembre	Ezequiel 27-28	Juan 21	Salmos 71-75	Proverbios 11	
12 de Noviembre	Ezequiel 29-30	Hechos 1-2	Salmos 76-80	Proverbios 12	
13 de Noviembre	Ezequiel 31-32	Hechos 3-4	Salmos 81-85	Proverbios 13	
14 de Noviembre	Ezequiel 33-34	Hechos 5-6	Salmos 86-90	Proverbios 14	
15 de Noviembre	Ezequiel 35-36	Hechos 7-8	Salmos 91-95	Proverbios 15	
16 de Noviembre	Ezequiel 37-38	Hechos 9-10	Salmos 96-100	Proverbios 16	
17 de Noviembre	Ezequiel 39-40	Hechos 11-12	Salmos 101-105	Proverbios 17	
18 de Noviembre	Ezequiel 41-42	Hechos 13-14	Salmos 106-110	Proverbios 18	
19 de Noviembre	Ezequiel 43-44	Hechos 15-16	Salmos 111-115	Proverbios 19	
20 de Noviembre	Ezequiel 45-46	Hechos 17-18	Salmos 116-120	Proverbios 20	
21 de Noviembre	Ezequiel 47-48	Hechos 19-20	Salmos 121-125	Proverbios 21	
22 de Noviembre	Daniel 1-2	Hechos 21-22	Salmos 126-130	Proverbios 22	
23 de Noviembre	Daniel 3-4	Hechos 23-24	Salmos 131-135	Proverbios 23	
24 de Noviembre	Daniel 5-6	Hechos 25-26	Salmos 136-140	Proverbios 24	
25 de Noviembre	Daniel 7-8	Hechos 27-28	Salmos 141-145	Proverbios 25	
26 de Noviembre	Daniel 9-10	Romanos 1-2	Salmos 146-150	Proverbios 26	
27 de Noviembre	Daniel 11-12	Romanos 3-4	Salmos 1-5	Proverbios 27	
28 de Noviembre	Oseas 1-2	Romanos 5-6	Salmos 6-10	Proverbios 28	
29 de Noviembre	Oseas 3-4	Romanos 7-8	Salmos 11-15	Proverbios 29	
30 de Noviembre	Oseas 5-6	Romanos 9-10	Salmos 16-20	Proverbios 30	
1 de Diciembre	Oseas 7-8	Romanos 11-12	Salmos 21-25	Proverbios 1	
2 de Diciembre	Oseas 9-10	Romanos 13-14	Salmos 26-30	Proverbios 2	
3 de Diciembre	Oseas 11-12	Romanos 15-16	Salmos 31-35	Proverbios 3	
4 de Diciembre	Oseas 13-14	1 Cor. 1-2	Salmos 36-40	Proverbios 4	
5 de Diciembre	Joel 1-3	1 Cor. 3-4	Salmos 41-45	Proverbios 5	
6 de Diciembre	Amós 1-2	1 Cor. 5-6	Salmos 46-50	Proverbios 6	
7 de Diciembre	Amós 3-4	1 Cor. 7-8	Salmos 51-55	Proverbios 7	
8 de Diciembre	Amós 5-6	1 Cor. 9-10	Salmos 56-60	Proverbios 8	
9 de Diciembre	Amós 7-9	1 Cor. 11-12	Salmos 61-65	Proverbios 9	
10 de Diciembre	Abdías 1	1 Cor. 13-14	Salmos 66-70	Proverbios 10	
11 de Diciembre	Jonás 1-2	1 Cor. 15-16	Salmos 71-75	Proverbios 11	
12 de Diciembre	Jonás 3-4	2 Cor 1-2	Salmos 76-80	Proverbios 12	

Fecha	Antiguo Testamento	Nuevo Testamento	Salmos	Proverbios	Check
13 de Diciembre	Miqueas 1-2	2 Cor. 3-4	Salmos 81-85	Proverbios 13	
14 de Diciembre	Miqueas 3-4	2 Cor. 5-6	Salmos 86-90	Proverbios 14	
15 de Diciembre	Miqueas 5-7	2 Cor. 7-8	Salmos 91-95	Proverbios 15	
16 de Diciembre	Nahum 1-3	2 Cor. 9-10	Salmos 96-100	Proverbios 16	
17 de Diciembre	Habacuc 1-3	2 Cor. 11-12	Salmos 101-105	Proverbios 17	
18 de Diciembre	Sofonías 1-3	2 Cor. 13	Salmos 106-110	Proverbios 18	
19 de Diciembre	Hageo 1-2	Gálatas 1-2	Salmos 111-115	Proverbios 19	
20 de Diciembre	Zacarías 1-2	Gálatas 3-4	Salmos 116-120	Proverbios 20	
21 de Diciembre	Zacarías 3-4	Gálatas 5-6	Salmos 121-125	Proverbios 21	
22 de Diciembre	Zacarías 5-6	Efesios 1-2	Salmos 126-130	Proverbios 22	
23 de Diciembre	Zacarías 7-8	Efesios 3-4	Salmos 131-135	Proverbios 23	
24 de Diciembre	Zacarías 9-10	Efesios 5-6	Salmos 136-140	Proverbios 24	
25 de Diciembre	¡Feliz Navidad!	Filipenses 1-2	Salmos 141-145	Proverbios 25	
26 de Diciembre	Zacarías 11-12	Filipenses 3-4	Salmos 146-150	Proverbios 26	
27 de Diciembre	Zacarías 13-14	Colosenses 1-2	Salmos 1-5	Proverbios 27	
28 de Diciembre	Malaquías 1	Colosenses 3-4	Salmos 6-10	Proverbios 28	
29 de Diciembre	Malaquías 2	1 Tes. 1-2	Salmos 11-15	Proverbios 29	
30 de Diciembre	Malaquías 3	1 Tes. 3-4	Salmos 16-20	Proverbios 30	
31 de Diciembre	Malaquías 4	1 Tes. 5	Salmos 21-25	Proverbios 31	

Isaías 9:6-7 (RVR1960) un niño nos es nacido, hijo nos es dado, y el principado sobre su hombro; y se llamará su nombre Admirable, Consejero, Dios Fuerte, Padre Eterno, Príncipe de Paz. Lo dilatado de su imperio y la paz no tendrán límite, sobre el trono de David y sobre su reino, disponiéndolo y confirmándolo en juicio y en justicia desde ahora y para siempre. El celo de Jehová de los ejércitos hará esto.

¡Felicitaciones! Usted acaba de terminar el año. ¡Un nuevo año está sobre ti y Dios tiene un plan maravilloso para desplegar el nuevo año próximo! Este es un buen momento para reflexionar sobre todas sus metas y visiones que usted ha escrito, y pedirle a Dios entendimiento especial para el año que viene. Enero es el momento perfecto para ayunar, orar y buscar a Dios con respecto a sus nuevos objetivos a corto plazo de un año, así como sus metas a medio y largo plazo.

FÍSICO – FÍSICO – FÍSICO – FÍSICO – FÍSICO – FÍSICO

FISICO

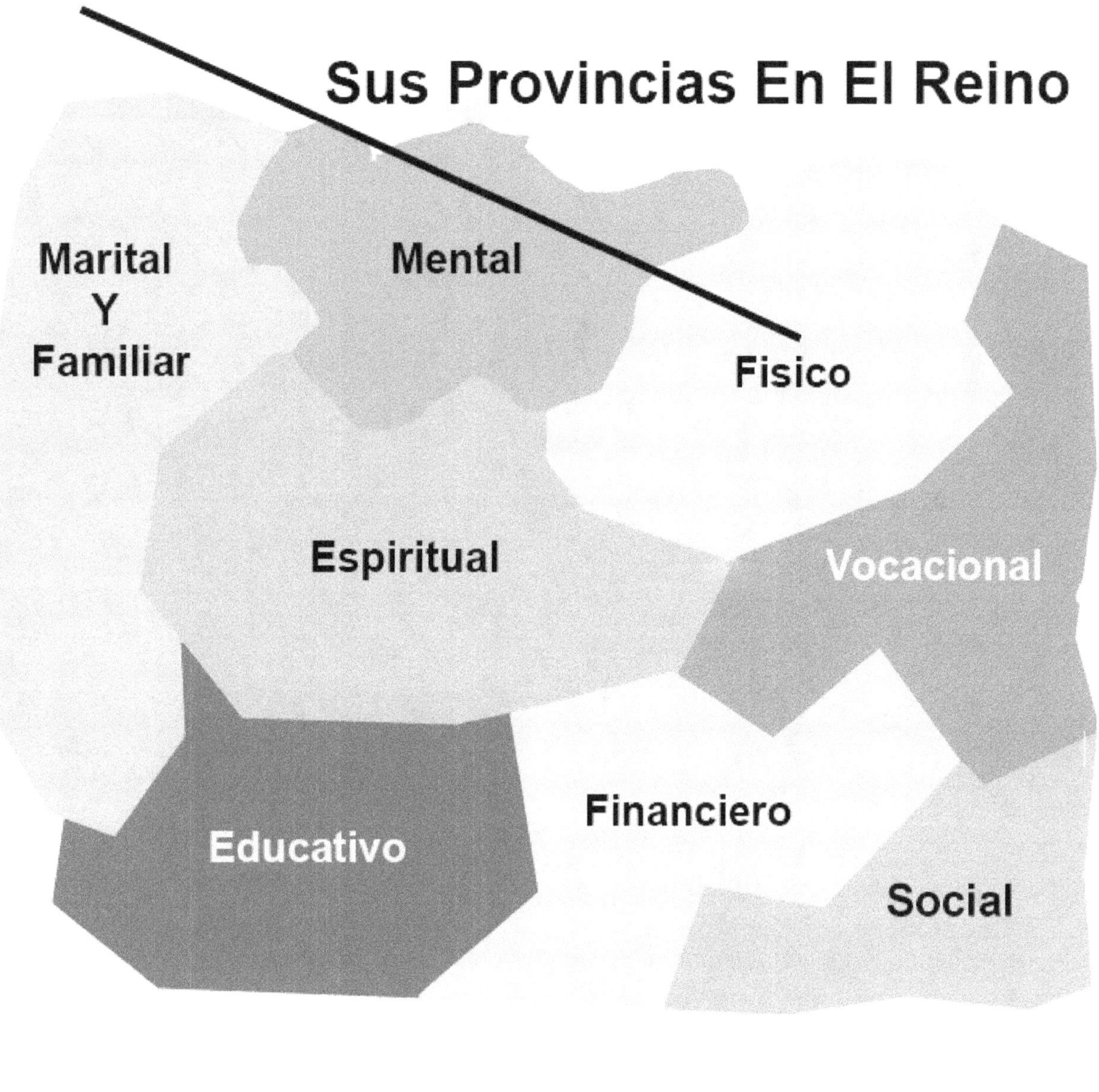

Sus Provincias En El Reino

- Marital Y Familiar
- Mental
- Fisico
- Espiritual
- Vocacional
- Educativo
- Financiero
- Social

Habacuc 2:2 "Y Jehová me respondió, y dijo: Escribe la visión, y declárala en tablas, para que corra el que leyere en ella".

© 2012 Mighty Eagle Publishing Todos los Derechos Reservados.
www.mightyeagle.com   www.doctordanieldaves.com

Proverbios 15:22 (RVR1960) Los pensamientos son frustrados donde no hay consejo; Mas en la multitud de consejeros se afirman.

Palabras clave que pueden ayudarle con sus metas: Salud, Estado Físico, nutrición, peso, ejercicio, limpieza, higiene, descanso, Apariencia, Ropa, Vacaciones, Deporte, Medicina, recetas, alimentos, autocontrol, Medio ambiente, Hogar, Cuerpo, Casa, Trabajo, Transporte, Equipos, Suministros.

©2012   Mighty Eagle Publishing.   Todos los Derechos Reservados.

METAS FISICAS: Corto, Mediano y Largo Plazo

Cree sus metas y objetivos ahora. Modifíquelos durante todo el año, conforme camine a través de la Palabra de Dios y la meditación diaria.

Metas a Corto Plazo – Un año o menos *Día Creado:*_____

1._____

2._____

3._____

Metas a Mediano Plazo – Cinco años *Día Creado:*_____

1._____

2._____

3._____

Metas a Largo Plazo – Diez años *Día Creado:*_____

1._____

2._____

3._____

Metas a Largo Plazo – Veinte años *Día Creado:*_____

1._____

2._____

3._____

Metas a Largo Plazo – Cincuenta años *Día Creado:*_____

1._____

2._____

3._____

Salmos 119:105 (RVR1960) Lámpara es a mis pies tu palabra, Y lumbrera a mi camino.

© 2012 Mighty Eagle Publishing.

METAS FISICAS: Continuación...

Notas:

Salmos 119:105 (RVR1960) Lámpara es a mis pies tu palabra, Y lumbrera a mi camino.

Notas Diarias: *(Recuerde ponerle fecha a las notas)*

Físicas

Habacuc 2:2 "Y Jehová me respondió, y dijo: Escribe la visión, y declárala en tablas, para que corra el que leyere en ella".

© 2012 Mighty Eagle Publishing Todos los Derechos Reservados.
www.mightyeagle.com   www.doctordanieldaves.com

Notas Diarias: *(Recuerde ponerle fecha a las notas)*

Salmos 119:105 (RVR1960) Lámpara es a mis pies tu palabra, Y lumbrera a mi camino.

©2012 Mighty Eagle Publishing. Todos los Derechos Reservados.

Notas Diarias: *(Recuerde ponerle fecha a las notas)*

Fisicas

Habacuc 2:2 (RVR1960) Y Jehová me respondió, y dijo: Escribe la visión, y declárala en tablas, para que corra el que leyere en ella.

©2012 Mighty Eagle Publishing. Todos los Derechos Reservados.

Notas Diarias: *(Recuerde ponerle fecha a las notas)*

Salmos 119:105 (RVR1960) Lámpara es a mis pies tu palabra, Y lumbrera a mi camino.

Notas Diarias: *(Recuerde ponerle fecha a las notas)*

Habacuc 2:2 (RVR1960) Y Jehová me respondió, y dijo: Escribe la visión, y declárala en tablas, para que corra el que leyere en ella.

©2012   Mighty Eagle Publishing.   Todos los Derechos Reservados.

Notas Diarias: *(Recuerde ponerle fecha a las notas)*

Salmos 119:105 (RVR1960) Lámpara es a mis pies tu palabra, Y lumbrera a mi camino.

©2012 Mighty Eagle Publishing. Todos los Derechos Reservados.

Notas Diarias: *(Recuerde ponerle fecha a las notas)*

Habacuc 2:2 (RVR1960) Y Jehová me respondió, y dijo: Escribe la visión, y declárala en tablas, para que corra el que leyere en ella.

©2012   Mighty Eagle Publishing.   Todos los Derechos Reservados.

Notas Diarias: *(Recuerde ponerle fecha a las notas)*

Salmos 119:105 (RVR1960) Lámpara es a mis pies tu palabra, Y lumbrera a mi camino.

Notas Diarias: *(Recuerde ponerle fecha a las notas)*

Habacuc 2:2 (RVR1960) Y Jehová me respondió, y dijo: Escribe la visión, y declárala en tablas, para que corra el que leyere en ella.

©2012 Mighty Eagle Publishing.   Todos los Derechos Reservados.

Notas Diarias: *(Recuerde ponerle fecha a las notas)*

Salmos 119:105 (RVR1960) Lámpara es a mis pies tu palabra, Y lumbrera a mi camino.

Notas Diarias: *(Recuerde ponerle fecha a las notas)*

Físicas

Habacuc 2:2 (RVR1960) Y Jehová me respondió, y dijo: Escribe la visión, y declárala en tablas, para que corra el que leyere en ella.

©2012 Mighty Eagle Publishing. Todos los Derechos Reservados.

Notas Diarias: *(Recuerde ponerle fecha a las notas)*

Salmos 119:105 (RVR1960) Lámpara es a mis pies tu palabra, Y lumbrera a mi camino.

©2012   Mighty Eagle Publishing.   Todos los Derechos Reservados.

Notas Diarias: *(Recuerde ponerle fecha a las notas)*

Habacuc 2:2 (RVR1960) Y Jehová me respondió, y dijo: Escribe la visión, y declárala en tablas, para que corra el que leyere en ella.

©2012 Mighty Eagle Publishing.   Todos los Derechos Reservados.

Notas Diarias: *(Recuerde ponerle fecha a las notas)*

Salmos 119:105 (RVR1960) Lámpara es a mis pies tu palabra, Y lumbrera a mi camino.

©2012   Mighty Eagle Publishing.   Todos los Derechos Reservados.

Notas Diarias: *(Recuerde ponerle fecha a las notas)*

Habacuc 2:2 (RVR1960) Y Jehová me respondió, y dijo: Escribe la visión, y declárala en tablas, para que corra el que leyere en ella.

©2012 Mighty Eagle Publishing. Todos los Derechos Reservados.

Notas Diarias: *(Recuerde ponerle fecha a las notas)*

Salmos 119:105 (RVR1960) Lámpara es a mis pies tu palabra, Y lumbrera a mi camino.

©2012   Mighty Eagle Publishing.   Todos los Derechos Reservados.

Notas Diarias: *(Recuerde ponerle fecha a las notas)*

Habacuc 2:2 (RVR1960) Y Jehová me respondió, y dijo: Escribe la visión, y declárala en tablas, para que corra el que leyere en ella.

©2012 Mighty Eagle Publishing. Todos los Derechos Reservados.

Notas Diarias: *(Recuerde ponerle fecha a las notas)*

Salmos 119:105 (RVR1960) Lámpara es a mis pies tu palabra, Y lumbrera a mi camino.

©2012   Mighty Eagle Publishing.   Todos los Derechos Reservados.

Notas Diarias: *(Recuerde ponerle fecha a las notas)*

Fisicas

Habacuc 2:2 (RVR1960) Y Jehová me respondió, y dijo: Escribe la visión, y decláraIa en tablas, para que corra el que leyere en ella.

©2012   Mighty Eagle Publishing.   Todos los Derechos Reservados.

Notas Diarias: *(Recuerde ponerle fecha a las notas)*

Salmos 119:105 (RVR1960) Lámpara es a mis pies tu palabra, Y lumbrera a mi camino.

Notas Diarias: *(Recuerde ponerle fecha a las notas)*

Habacuc 2:2 (RVR1960) Y Jehová me respondió, y dijo: Escribe la visión, y declárala en tablas, para que corra el que leyere en ella.

©2012   Mighty Eagle Publishing.   Todos los Derechos Reservados.

Notas Diarias: *(Recuerde ponerle fecha a las notas)*

Salmos 119:105 (RVR1960) Lámpara es a mis pies tu palabra, Y lumbrera a mi camino.

©2012 Mighty Eagle Publishing. Todos los Derechos Reservados.

Notas Diarias: *(Recuerde ponerle fecha a las notas)*

Fisicas

Habacuc 2:2 (RVR1960) Y Jehová me respondió, y dijo: Escribe la visión, y decláarala en tablas, para que corra el que leyere en ella.

©2012   Mighty Eagle Publishing.   Todos los Derechos Reservados.

Notas Diarias: *(Recuerde ponerle fecha a las notas)*

Salmos 119:105 (RVR1960) Lámpara es a mis pies tu palabra, Y lumbrera a mi camino.

©2012 Mighty Eagle Publishing. Todos los Derechos Reservados.

MENTAL

Sus Provincias En El Reino

- Marital Y Familiar
- Mental
- Espiritual
- Físico
- Vocacional
- Educativo
- Financiero
- Social

Habacuc 2:2 "Y Jehová me respondió, y dijo: Escribe la visión, y declárala en tablas, para que corra el que leyere en ella".

Salmos 20:4 (RVR1960) Te dé conforme al deseo de tu corazón, Y cumpla todo tu consejo.

Palabras clave que pueden ayudarle con sus metas: Mente, Voluntad, Emociones, Meditación, Descanso, Paz, Calma, Estado de Ánimo, Mente Enfocada, Positivo, Moral, Imaginación, Inteligencia, Razonamiento, Pensamiento, Pensamiento, Felicidad, Gozo

©2012 Mighty Eagle Publishing. Todos los Derechos Reservados.

METAS MENTALES: Corto, Mediano y Largo Plazo

Cree sus metas y objetivos ahora. Modifíquelos durante todo el año, conforme camine a través de la Palabra de Dios y la meditación diaria.

Metas a Corto Plazo – Un año o menos   *Día Creado:*_____

1._____

2._____

3._____

Metas a Mediano Plazo – Cinco años   *Día Creado:*_____

1._____

2._____

3._____

Metas a Largo Plazo – Diez años   *Día Creado:*_____

1._____

2._____

3._____

Metas a Largo Plazo – Veinte años   *Día Creado:*_____

1._____

2._____

3._____

Metas a Largo Plazo – Cincuenta años   *Día Creado:*_____

1._____

2._____

3._____

Salmos 119:105 (RVR1960) Lámpara es a mis pies tu palabra, Y lumbrera a mi camino.

©2012   Mighty Eagle Publishing.   Todos los Derechos Reservados.

METAS MENTALES: Continuación...

Metas *Mental*

Notas:

Salmos 119:105 (RVR1960) Lámpara es a mis pies tu palabra, Y lumbrera a mi camino.

Notas Diarias: *(Recuerde ponerle fecha a las notas)*

Mental

Habacuc 2:2 "Y Jehová me respondió, y dijo: Escribe la visión, y declárala en tablas, para que corra el que leyere en ella".

Notas Diarias: *(Recuerde ponerle fecha a las notas)*

Salmos 119:105 (RVR1960) Lámpara es a mis pies tu palabra, Y lumbrera a mi camino.

Notas Diarias: *(Recuerde ponerle fecha a las notas)*

Mental

Habacuc 2:2 "Y Jehová me respondió, y dijo: Escribe la visión, y declárala en tablas, para que corra el que leyere en ella".

Notas Diarias: *(Recuerde ponerle fecha a las notas)*

Salmos 119:105 (RVR1960) Lámpara es a mis pies tu palabra, Y lumbrera a mi camino.

Notas Diarias: *(Recuerde ponerle fecha a las notas)*

Mental

Habacuc 2:2 "Y Jehová me respondió, y dijo: Escribe la visión, y declárala en tablas, para que corra el que leyere en ella".

Notas Diarias: *(Recuerde ponerle fecha a las notas)*

Salmos 119:105 (RVR1960) Lámpara es a mis pies tu palabra, Y lumbrera a mi camino.

©2012   Mighty Eagle Publishing.   Todos los Derechos Reservados.

Notas Diarias: *(Recuerde ponerle fecha a las notas)*

Mental

Habacuc 2:2 "Y Jehová me respondió, y dijo: Escribe la visión, y declárala en tablas, para que corra el que leyere en ella".

Notas Diarias: *(Recuerde ponerle fecha a las notas)*

Salmos 119:105 (RVR1960) Lámpara es a mis pies tu palabra, Y lumbrera a mi camino.

©2012 Mighty Eagle Publishing. Todos los Derechos Reservados.

Notas Diarias: *(Recuerde ponerle fecha a las notas)*

Habacuc 2:2 "Y Jehová me respondió, y dijo: Escribe la visión, y declárala en tablas, para que corra el que leyere en ella".

Notas Diarias: *(Recuerde ponerle fecha a las notas)*

Salmos 119:105 (RVR1960) Lámpara es a mis pies tu palabra, Y lumbrera a mi camino.

©2012 Mighty Eagle Publishing. Todos los Derechos Reservados.

Notas Diarias: *(Recuerde ponerle fecha a las notas)*

Mental

Habacuc 2:2 "Y Jehová me respondió, y dijo: Escribe la visión, y declárala en tablas, para que corra el que leyere en ella".

Notas Diarias: *(Recuerde ponerle fecha a las notas)*

Salmos 119:105 (RVR1960) Lámpara es a mis pies tu palabra, Y lumbrera a mi camino.

©2012   Mighty Eagle Publishing.   Todos los Derechos Reservados.

Notas Diarias: *(Recuerde ponerle fecha a las notas)*

Mental

Habacuc 2:2 "Y Jehová me respondió, y dijo: Escribe la visión, y declárala en tablas, para que corra el que leyere en ella".

Notas Diarias: *(Recuerde ponerle fecha a las notas)*

Salmos 119:105 (RVR1960) Lámpara es a mis pies tu palabra, Y lumbrera a mi camino.

©2012 Mighty Eagle Publishing. Todos los Derechos Reservados.

Notas Diarias: *(Recuerde ponerle fecha a las notas)*

Mental

Habacuc 2:2 "Y Jehová me respondió, y dijo: Escribe la visión, y declárala en tablas, para que corra el que leyere en ella".

Notas Diarias: *(Recuerde ponerle fecha a las notas)*

Salmos 119:105 (RVR1960) Lámpara es a mis pies tu palabra, Y lumbrera a mi camino.

©2012 Mighty Eagle Publishing. Todos los Derechos Reservados.

Notas Diarias: *(Recuerde ponerle fecha a las notas)*

Habacuc 2:2 "Y Jehová me respondió, y dijo: Escribe la visión, y declárala en tablas, para que corra el que leyere en ella".

Notas Diarias: *(Recuerde ponerle fecha a las notas)*

Salmos 119:105 (RVR1960) Lámpara es a mis pies tu palabra, Y lumbrera a mi camino.

©2012 Mighty Eagle Publishing. Todos los Derechos Reservados.

Notas Diarias: *(Recuerde ponerle fecha a las notas)*

Mental

Habacuc 2:2 "Y Jehová me respondió, y dijo: Escribe la visión, y declárala en tablas, para que corra el que leyere en ella".

Notas Diarias: *(Recuerde ponerle fecha a las notas)*

Salmos 119:105 (RVR1960) Lámpara es a mis pies tu palabra, Y lumbrera a mi camino.

©2012 Mighty Eagle Publishing. Todos los Derechos Reservados.

Notas Diarias: *(Recuerde ponerle fecha a las notas)*

Mental

Habacuc 2:2 "Y Jehová me respondió, y dijo: Escribe la visión, y declárala en tablas, para que corra el que leyere en ella".

Notas Diarias: *(Recuerde ponerle fecha a las notas)*

Salmos 119:105 (RVR1960) Lámpara es a mis pies tu palabra, Y lumbrera a mi camino.

Notas Diarias: *(Recuerde ponerle fecha a las notas)*

Mental

Habacuc 2:2 "Y Jehová me respondió, y dijo: Escribe la visión, y declárala en tablas, para que corra el que leyere en ella".

Notas Diarias: *(Recuerde ponerle fecha a las notas)*

Salmos 119:105 (RVR1960) Lámpara es a mis pies tu palabra, Y lumbrera a mi camino.

©2012 Mighty Eagle Publishing. Todos los Derechos Reservados.

ESPIRITUAL – ESPIRITUAL – ESPIRITUAL – ESPIRITUAL – ESPIRITUAL

Espiritual

Sus Provincias En El Reino

- Marital Y Familiar
- Mental
- Espiritual
- Fisico
- Vocacional
- Educativo
- Financiero
- Social

Habacuc 2:2 "Y Jehová me respondió, y dijo: Escribe la visión, y declárala en tablas, para que corra el que leyere en ella".

© 2012 Mighty Eagle Publishing Todos los Derechos Reservados.
www.mightyeagle.com   www.doctordanieldaves.com

Salmos 20:4 (RVR1960) Te dé conforme al deseo de tu corazón, Y cumpla todo tu consejo.

Palabras clave que pueden ayudarle con sus metas: La Oración, La Comunión con Dios, El Ayuno, La Biblia, La Meditación, La Salvación, El Espíritu Santo, La Comunión, Puro, Limpio, Santo, Adoración, Devoción, Bendición, Milagros, Iglesia, Sobre Natural, Cielo, Misiones

©2012   Mighty Eagle Publishing.   Todos los Derechos Reservados.

©2012   Mighty Eagle Publishing.   Todos los Derechos Reservados.

METAS ESPIRITUALES: Corto, Mediano y Largo Plazo

Cree sus metas y objetivos ahora. Modifíquelos durante todo el año, conforme camine a través de la Palabra de Dios y la meditación diaria.

Metas a Corto Plazo – Un año o menos   *Día Creado:*_____

1._____
2._____
3._____

Metas a Mediano Plazo – Cinco años   *Día Creado:*_____

1._____
2._____
3._____

Metas a Largo Plazo – Diez años   *Día Creado:*_____

1._____
2._____
3._____

Metas a Largo Plazo – Veinte años   *Día Creado:*_____

1._____
2._____
3._____

Metas a Largo Plazo – Cincuenta años   *Día Creado:*_____

1._____
2._____
3._____

Salmos 119:105 (RVR1960) Lámpara es a mis pies tu palabra, Y lumbrera a mi camino.

© 2012 Mighty Eagle Publishing Todos los Derechos Reservados.
www.mightyeagle.com   www.doctordanieldaves.com

METAS ESPIRITUALES : Continuación . . .

Notas:

Salmos 119:105 (RVR1960) Lámpara es a mis pies tu palabra, Y lumbrera a mi camino.

Notas Diarias: *(Recuerde ponerle fecha a las notas)*

Habacuc 2:2 "Y Jehová me respondió, y dijo: Escribe la visión, y declárala en tablas, para que corra el que leyere en ella".

Notas Diarias: *(Recuerde ponerle fecha a las notas)*

Salmos 119:105 (RVR1960) Lámpara es a mis pies tu palabra, Y lumbrera a mi camino.

©2012 Mighty Eagle Publishing. Todos los Derechos Reservados.

Notas Diarias: *(Recuerde ponerle fecha a las notas)*

Habacuc 2:2 "Y Jehová me respondió, y dijo: Escribe la visión, y declárala en tablas, para que corra el que leyere en ella".

Notas Diarias: *(Recuerde ponerle fecha a las notas)*

Salmos 119:105 (RVR1960) Lámpara es a mis pies tu palabra, Y lumbrera a mi camino.

©2012 Mighty Eagle Publishing. Todos los Derechos Reservados.

Notas Diarias: *(Recuerde ponerle fecha a las notas)*

Habacuc 2:2 "Y Jehová me respondió, y dijo: Escribe la visión, y declárala en tablas, para que corra el que leyere en ella".

Notas Diarias: *(Recuerde ponerle fecha a las notas)*

Salmos 119:105 (RVR1960) Lámpara es a mis pies tu palabra, Y lumbrera a mi camino.

©2012 Mighty Eagle Publishing. Todos los Derechos Reservados.

Notas Diarias: *(Recuerde ponerle fecha a las notas)*

Espiritual

Habacuc 2:2 "Y Jehová me respondió, y dijo: Escribe la visión, y declárala en tablas, para que corra el que leyere en ella".

Notas Diarias: *(Recuerde ponerle fecha a las notas)*

Salmos 119:105 (RVR1960) Lámpara es a mis pies tu palabra, Y lumbrera a mi camino.

©2012 Mighty Eagle Publishing. Todos los Derechos Reservados.

Notas Diarias: *(Recuerde ponerle fecha a las notas)*

Espiritual

Habacuc 2:2 "Y Jehová me respondió, y dijo: Escribe la visión, y declárala en tablas, para que corra el que leyere en ella".

Notas Diarias: *(Recuerde ponerle fecha a las notas)*

Salmos 119:105 (RVR1960) Lámpara es a mis pies tu palabra, Y lumbrera a mi camino.

©2012 Mighty Eagle Publishing. Todos los Derechos Reservados.

Notas Diarias: *(Recuerde ponerle fecha a las notas)*

Espiritual

Habacuc 2:2 "Y Jehová me respondió, y dijo: Escribe la visión, y declárala en tablas, para que corra el que leyere en ella".

Notas Diarias: *(Recuerde ponerle fecha a las notas)*

Salmos 119:105 (RVR1960) Lámpara es a mis pies tu palabra, Y lumbrera a mi camino.

Notas Diarias: *(Recuerde ponerle fecha a las notas)*

Habacuc 2:2 "Y Jehová me respondió, y dijo: Escribe la visión, y declárala en tablas, para que corra el que leyere en ella".

Notas Diarias: *(Recuerde ponerle fecha a las notas)*

Salmos 119:105 (RVR1960) Lámpara es a mis pies tu palabra, Y lumbrera a mi camino.

©2012   Mighty Eagle Publishing.   Todos los Derechos Reservados.

Notas Diarias: *(Recuerde ponerle fecha a las notas)*

Espiritual

Habacuc 2:2 "Y Jehová me respondió, y dijo: Escribe la visión, y declárala en tablas, para que corra el que leyere en ella".

Notas Diarias: *(Recuerde ponerle fecha a las notas)*

Salmos 119:105 (RVR1960) Lámpara es a mis pies tu palabra, Y lumbrera a mi camino.

©2012 Mighty Eagle Publishing. Todos los Derechos Reservados.

Notas Diarias: *(Recuerde ponerle fecha a las notas)*

Habacuc 2:2 "Y Jehová me respondió, y dijo: Escribe la visión, y declárala en tablas, para que corra el que leyere en ella".

Notas Diarias: *(Recuerde ponerle fecha a las notas)*

Salmos 119:105 (RVR1960) Lámpara es a mis pies tu palabra, Y lumbrera a mi camino.

©2012 Mighty Eagle Publishing. Todos los Derechos Reservados.

Notas Diarias: *(Recuerde ponerle fecha a las notas)*

Habacuc 2:2 "Y Jehová me respondió, y dijo: Escribe la visión, y declárala en tablas, para que corra el que leyere en ella".

Notas Diarias: *(Recuerde ponerle fecha a las notas)*

Salmos 119:105 (RVR1960) Lámpara es a mis pies tu palabra, Y lumbrera a mi camino.

©2012   Mighty Eagle Publishing.   Todos los Derechos Reservados.

Notas Diarias: *(Recuerde ponerle fecha a las notas)*

Habacuc 2:2 "Y Jehová me respondió, y dijo: Escribe la visión, y declárala en tablas, para que corra el que leyere en ella".

Notas Diarias: *(Recuerde ponerle fecha a las notas)*

Salmos 119:105 (RVR1960) Lámpara es a mis pies tu palabra, Y lumbrera a mi camino.

©2012 Mighty Eagle Publishing.   Todos los Derechos Reservados.

Notas Diarias: *(Recuerde ponerle fecha a las notas)*

Espiritual

Habacuc 2:2 "Y Jehová me respondió, y dijo: Escribe la visión, y declárala en tablas, para que corra el que leyere en ella".

Notas Diarias: *(Recuerde ponerle fecha a las notas)*

Salmos 119:105 (RVR1960) Lámpara es a mis pies tu palabra, Y lumbrera a mi camino.

©2012 Mighty Eagle Publishing. Todos los Derechos Reservados.

SOCIAL – SOCIAL – SOCIAL – SOCIAL – SOCIAL – SOCIAL –

Sus Provincias En El Reino

- Marital Y Familiar
- Mental
- Físico
- Espiritual
- Vocacional
- Educativo
- Financiero
- Social

SOCIAL

Habacuc 2:2 "Y Jehová me respondió, y dijo: Escribe la visión, y declárala en tablas, para que corra el que leyere en ella".

© 2012 Mighty Eagle Publishing   All Rights Reserved
www.mightyeagle.com   www.doctordanieldaves.com

Proverbios 16:3 (RVR1960)Encomienda a Jehová tus obras, Y tus pensamientos serán afirmados.

Palabras clave que pueden ayudarle con sus metas: Hablar, Amigos, Comunicación, Habilidades Sociales, Enemigos, Perdón, Disculpa, Arrepentimiento, Risa, Alegría, Paz, Asociaciones, Modales, Etiqueta, Civil, Comunión, Entretenimiento, Grupo, Hospitalidad, Educado, Vecindad, Agradable, Cortés, Popular, Social, Sociedad.

©2012 Mighty Eagle Publishing. Todos los Derechos Reservados.

METAS SOCIALES: Corto, Mediano y Largo Plazo

Cree sus metas y objetivos ahora. Modifíquelos durante todo el año, conforme camine a través de la Palabra de Dios y la meditación diaria.

Metas a Corto Plazo – Un año o menos   *Día Creado:*_____

1._____
2._____
3._____

Metas a Mediano Plazo – Cinco años   *Día Creado:*_____

1._____
2._____
3._____

Metas a Largo Plazo – Diez años   *Día Creado:*_____

1._____
2._____
3._____

Metas a Largo Plazo – Veinte años   *Día Creado:*_____

1._____
2._____
3._____

Metas a Largo Plazo – Cincuenta años   *Día Creado:*_____

1._____
2._____
3._____

Salmos 119:105 (RVR1960) Lámpara es a mis pies tu palabra, Y lumbrera a mi camino.

© 2012 Mighty Eagle Publishing Todos los Derechos Reservados.
www.mightyeagle.com   www.doctordanieldaves.com

METAS SOCIALES: Continuación . . .

Notes:

Salmos 119:105 (RVR1960) Lámpara es a mis pies tu palabra, Y lumbrera a mi camino.

© 2012 Mighty Eagle Publishing Todos los Derechos Reservados.
www.mightyeagle.com   www.doctordanieldaves.com

Notas Diarias: *(Recuerde ponerle fecha a las notas)*

Habacuc 2:2 "Y Jehová me respondió, y dijo: Escribe la visión, y declárala en tablas, para que corra el que leyere en ella".

Notas Diarias: *(Recuerde ponerle fecha a las notas)*

Salmos 119:105 (RVR1960) Lámpara es a mis pies tu palabra, Y lumbrera a mi camino.

©2012 Mighty Eagle Publishing. Todos los Derechos Reservados.

Notas Diarias: *(Recuerde ponerle fecha a las notas)*

Social

Habacuc 2:2 "Y Jehová me respondió, y dijo: Escribe la visión, y declárala en tablas, para que corra el que leyere en ella".

©2012 Mighty Eagle Publishing. Todos los Derechos Reservados.

Notas Diarias: *(Recuerde ponerle fecha a las notas)*

Salmos 119:105 (RVR1960) Lámpara es a mis pies tu palabra, Y lumbrera a mi camino.

©2012 Mighty Eagle Publishing. Todos los Derechos Reservados.

Notas Diarias: *(Recuerde ponerle fecha a las notas)*

Habacuc 2:2 "Y Jehová me respondió, y dijo: Escribe la visión, y declárala en tablas, para que corra el que leyere en ella".

Notas Diarias: *(Recuerde ponerle fecha a las notas)*

Salmos 119:105 (RVR1960) Lámpara es a mis pies tu palabra, Y lumbrera a mi camino.

Notas Diarias: *(Recuerde ponerle fecha a las notas)*

Habacuc 2:2 "Y Jehová me respondió, y dijo: Escribe la visión, y declárala en tablas, para que corra el que leyere en ella".

©2012 Mighty Eagle Publishing. Todos los Derechos Reservados.

Notas Diarias: *(Recuerde ponerle fecha a las notas)*

Salmos 119:105 (RVR1960) Lámpara es a mis pies tu palabra, Y lumbrera a mi camino.

©2012   Mighty Eagle Publishing.   Todos los Derechos Reservados.

Notas Diarias: *(Recuerde ponerle fecha a las notas)*

Habacuc 2:2 "Y Jehová me respondió, y dijo: Escribe la visión, y declárala en tablas, para que corra el que leyere en ella".

Notas Diarias: *(Recuerde ponerle fecha a las notas)*

Salmos 119:105 (RVR1960) Lámpara es a mis pies tu palabra, Y lumbrera a mi camino.

©2012 Mighty Eagle Publishing. Todos los Derechos Reservados.

Notas Diarias: *(Recuerde ponerle fecha a las notas)*

Social

Habacuc 2:2 "Y Jehová me respondió, y dijo: Escribe la visión, y declárala en tablas, para que corra el que leyere en ella".

©2012   Mighty Eagle Publishing.   Todos los Derechos Reservados.

Notas Diarias: *(Recuerde ponerle fecha a las notas)*

Salmos 119:105 (RVR1960) Lámpara es a mis pies tu palabra, Y lumbrera a mi camino.

©2012 Mighty Eagle Publishing. Todos los Derechos Reservados.

Notas Diarias: *(Recuerde ponerle fecha a las notas)*

Habacuc 2:2 "Y Jehová me respondió, y dijo: Escribe la visión, y decláraa en tablas, para que corra el que leyere en ella".

Notas Diarias: *(Recuerde ponerle fecha a las notas)*

Salmos 119:105 (RVR1960) Lámpara es a mis pies tu palabra, Y lumbrera a mi camino.

©2012   Mighty Eagle Publishing.   Todos los Derechos Reservados.

Notas Diarias: *(Recuerde ponerle fecha a las notas)*

Social

Habacuc 2:2 "Y Jehová me respondió, y dijo: Escribe la visión, y declárala en tablas, para que corra el que leyere en ella".

©2012 Mighty Eagle Publishing. Todos los Derechos Reservados.

Notas Diarias: *(Recuerde ponerle fecha a las notas)*

Salmos 119:105 (RVR1960) Lámpara es a mis pies tu palabra, Y lumbrera a mi camino.

©2012   Mighty Eagle Publishing.   Todos los Derechos Reservados.

Notas Diarias: *(Recuerde ponerle fecha a las notas)*

Habacuc 2:2 "Y Jehová me respondió, y dijo: Escribe la visión, y declárala en tablas, para que corra el que leyere en ella".

©2012   Mighty Eagle Publishing.   Todos los Derechos Reservados.

Notas Diarias: *(Recuerde ponerle fecha a las notas)*

Salmos 119:105 (RVR1960) Lámpara es a mis pies tu palabra, Y lumbrera a mi camino.

©2012 Mighty Eagle Publishing. Todos los Derechos Reservados.

Notas Diarias: *(Recuerde ponerle fecha a las notas)*

Habacuc 2:2 "Y Jehová me respondió, y dijo: Escribe la visión, y declárala en tablas, para que corra el que leyere en ella".

©2012 Mighty Eagle Publishing. Todos los Derechos Reservados.

Notas Diarias: *(Recuerde ponerle fecha a las notas)*

Salmos 119:105 (RVR1960) Lámpara es a mis pies tu palabra, Y lumbrera a mi camino.

©2012 Mighty Eagle Publishing. Todos los Derechos Reservados.

Notas Diarias: *(Recuerde ponerle fecha a las notas)*

Habacuc 2:2 "Y Jehová me respondió, y dijo: Escribe la visión, y declárala en tablas, para que corra el que leyere en ella".

Notas Diarias: *(Recuerde ponerle fecha a las notas)*

Salmos 119:105 (RVR1960) Lámpara es a mis pies tu palabra, Y lumbrera a mi camino.

©2012 Mighty Eagle Publishing. Todos los Derechos Reservados.

Notas Diarias: *(Recuerde ponerle fecha a las notas)*

Social

Habacuc 2:2 "Y Jehová me respondió, y dijo: Escribe la visión, y declárala en tablas, para que corra el que leyere en ella".

©2012 Mighty Eagle Publishing. Todos los Derechos Reservados.

Notas Diarias: *(Recuerde ponerle fecha a las notas)*

Salmos 119:105 (RVR1960) Lámpara es a mis pies tu palabra, Y lumbrera a mi camino.

©2012 Mighty Eagle Publishing. Todos los Derechos Reservados.

EDUCATIVO - EDUCATIVO - EDUCATIVO – EDUCATIVO - EDUCATIVO

Sus Provincias En El Reino

- Marital Y Familiar
- Mental
- Espiritual
- Fisico
- Vocacional
- Educativo
- Financiero
- Social

EDUCATIVO

Habacuc 2:2 "Y Jehová me respondió, y dijo: Escribe la visión, y declárala en tablas, para que corra el que leyere en ella".

© 2012 Mighty Eagle Publishing Todos los Derechos Reservados.
www.mightyeagle.com   www.doctordanieldaves.com

Proverbios 16:2 (RVR1960) Todos los caminos del hombre son limpios en su propia opinión; Pero Jehová pesa los espíritus.

Palabras clave que pueden ayudarle con sus metas: Escuela, Colegio, Grado, IQ, libros, seminarios, Idiomas, Profesional, Máster, Doctorado, Estudios, Administrar el Tiempo, Tutorias.

©2012   Mighty Eagle Publishing.   Todos los Derechos Reservados.

METAS EDUCATIVAS: Corto, Mediano y Largo Plazo

Cree tus metas y objetivos ahora. Modifíquelos durante todo el año, conforme camine a través de la Palabra de Dios y la meditación diaria.

Metas a Corto Plazo – Un año o menos   *Día Creado:*_____

1._____

2._____

3._____

Metas a Mediano Plazo – Cinco años   *Día Creado:*_____

1._____

2._____

3._____

Metas a Largo Plazo – Diez años   *Día Creado:*_____

1._____

2._____

3._____

Metas a Largo Plazo – Veinte años   *Día Creado:*_____

1._____

2._____

3._____

Metas a Largo Plazo – Cincuenta años   *Día Creado:*_____

1._____

2._____

3._____

Salmos 119:105 (RVR1960) Lámpara es a mis pies tu palabra, Y lumbrera a mi camino.

© 2012 Mighty Eagle Publishing Todos los Derechos Reservados.
www.mightyeagle.com   www.doctordanieldaves.com

METAS EDUCATIVAS: Continuación . . .

Notes:

Salmos 119:105 (RVR1960) Lámpara es a mis pies tu palabra, Y lumbrera a mi camino.

Notas Diarias: *(Recuerde ponerle fecha a las notas)*

Habacuc 2:2 "Y Jehová me respondió, y dijo: Escribe la visión, y declárala en tablas, para que corra el que leyere en ella".

Notas Diarias: *(Recuerde ponerle fecha a las notas)*

Salmos 119:105 (RVR1960) Lámpara es a mis pies tu palabra, Y lumbrera a mi camino.

Notas Diarias: *(Recuerde ponerle fecha a las notas)*

Habacuc 2:2 "Y Jehová me respondió, y dijo: Escribe la visión, y declárala en tablas, para que corra el que leyere en ella".

©2012 Mighty Eagle Publishing. Todos los Derechos Reservados.

Notas Diarias: *(Recuerde ponerle fecha a las notas)*

Salmos 119:105 (RVR1960) Lámpara es a mis pies tu palabra, Y lumbrera a mi camino.

©2012 Mighty Eagle Publishing. Todos los Derechos Reservados.

Notas Diarias: *(Recuerde ponerle fecha a las notas)*

Habacuc 2:2 "Y Jehová me respondió, y dijo: Escribe la visión, y declárala en tablas, para que corra el que leyere en ella".

©2012 Mighty Eagle Publishing. Todos los Derechos Reservados.

Educativo

Notas Diarias: *(Recuerde ponerle fecha a las notas)*

Salmos 119:105 (RVR1960) Lámpara es a mis pies tu palabra, Y lumbrera a mi camino.

©2012 Mighty Eagle Publishing. Todos los Derechos Reservados.

Notas Diarias: *(Recuerde ponerle fecha a las notas)*

Habacuc 2:2 *"Y Jehová me respondió, y dijo: Escribe la visión, y declárala en tablas, para que corra el que leyere en ella".*

Notas Diarias: *(Recuerde ponerle fecha a las notas)*

Salmos 119:105 (RVR1960) Lámpara es a mis pies tu palabra, Y lumbrera a mi camino.

Notas Diarias: *(Recuerde ponerle fecha a las notas)*

Habacuc 2:2 "Y Jehová me respondió, y dijo: Escribe la visión, y declárala en tablas, para que corra el que leyere en ella".

©2012 Mighty Eagle Publishing. Todos los Derechos Reservados.

Notas Diarias: *(Recuerde ponerle fecha a las notas)*

Salmos 119:105 (RVR1960) Lámpara es a mis pies tu palabra, Y lumbrera a mi camino.

©2012 Mighty Eagle Publishing. Todos los Derechos Reservados.

Notas Diarias: *(Recuerde ponerle fecha a las notas)*

Habacuc 2:2 "Y Jehová me respondió, y dijo: Escribe la visión, y decláarala en tablas, para que corra el que leyere en ella".

Notas Diarias: *(Recuerde ponerle fecha a las notas)*

Salmos 119:105 (RVR1960) Lámpara es a mis pies tu palabra, Y lumbrera a mi camino.

©2012 Mighty Eagle Publishing. Todos los Derechos Reservados.

Notas Diarias: *(Recuerde ponerle fecha a las notas)*

Habacuc 2:2 "Y Jehová me respondió, y dijo: Escribe la visión, y declárala en tablas, para que corra el que leyere en ella".

Notas Diarias: *(Recuerde ponerle fecha a las notas)*

Salmos 119:105 (RVR1960) Lámpara es a mis pies tu palabra, Y lumbrera a mi camino.

©2012 Mighty Eagle Publishing. Todos los Derechos Reservados.

Notas Diarias: *(Recuerde ponerle fecha a las notas)*

Habacuc 2:2 "Y Jehová me respondió, y dijo: Escribe la visión, y declárala en tablas, para que corra el que leyere en ella".

Notas Diarias: *(Recuerde ponerle fecha a las notas)*

Salmos 119:105 (RVR1960) Lámpara es a mis pies tu palabra, Y lumbrera a mi camino.

©2012 Mighty Eagle Publishing. Todos los Derechos Reservados.

Notas Diarias: *(Recuerde ponerle fecha a las notas)*

Habacuc 2:2 "Y Jehová me respondió, y dijo: Escribe la visión, y declárala en tablas, para que corra el que leyere en ella".

Notas Diarias: *(Recuerde ponerle fecha a las notas)*

Salmos 119:105 (RVR1960) Lámpara es a mis pies tu palabra, Y lumbrera a mi camino.

©2012 Mighty Eagle Publishing. Todos los Derechos Reservados.

Notas Diarias: *(Recuerde ponerle fecha a las notas)*

Habacuc 2:2 "Y Jehová me respondió, y dijo: Escribe la visión, y declárala en tablas, para que corra el que leyere en ella".

Notas Diarias: *(Recuerde ponerle fecha a las notas)*

Salmos 119:105 (RVR1960) Lámpara es a mis pies tu palabra, Y lumbrera a mi camino.

Notas Diarias: *(Recuerde ponerle fecha a las notas)*

Habacuc 2:2 "Y Jehová me respondió, y dijo: Escribe la visión, y decláala en tablas, para que corra el que leyere en ella".

©2012 Mighty Eagle Publishing. Todos los Derechos Reservados.

Notas Diarias: *(Recuerde ponerle fecha a las notas)*

Salmos 119:105 (RVR1960) Lámpara es a mis pies tu palabra, Y lumbrera a mi camino.

©2012 Mighty Eagle Publishing. Todos los Derechos Reservados.

Notas Diarias: *(Recuerde ponerle fecha a las notas)*

Educativo

Habacuc 2:2 "Y Jehová me respondió, y dijo: Escribe la visión, y declárala en tablas, para que corra el que leyere en ella".

Notas Diarias: *(Recuerde ponerle fecha a las notas)*

Salmos 119:105 (RVR1960) Lámpara es a mis pies tu palabra, Y lumbrera a mi camino.

VOCACIONAL – VOCACIONAL – VOCACIONAL – VOCACIONAL

Sus Provincias En El Reino

- Marital Y Familiar
- Mental
- Físico
- Espiritual
- Vocacional
- Educativo
- Financiero
- Social

VOCACIONAL

Habacuc 2:2 "Y Jehová me respondió, y dijo: Escribe la visión, y declárala en tablas, para que corra el que leyere en ella".

© 2012 Mighty Eagle Publishing Todos los Derechos Reservados.
www.mightyeagle.com   www.doctordanieldaves.com

Prov. 16:1 (RV1960) Del hombre son las disposiciones del corazón; Mas de Jehová es la respuesta de la lengua.

Palabras clave que pueden ayudarle con sus metas: Trabajo, Carrera, Ocupación, Ingreso, Trabajo, Empleo, Misión, Profesión, Asignación, Localización, Llamado, Deber, Comercio, Empresa.

©2012 Mighty Eagle Publishing. Todos los Derechos Reservados.

METAS VOCACIONALES: Corto, Mediano y Largo Plazo

Cree sus metas y objetivos ahora. Modifíquelos durante todo el año, conforme camine a través de la Palabra de Dios y la meditación diaria.

Metas a Corto Plazo – Un año o menos   *Día Creado:*_____

1._____

2._____

3._____

Metas a Mediano Plazo – Cinco años   *Día Creado:*_____

1._____

2._____

3._____

Metas a Largo Plazo – Diez años   *Día Creado:*_____

1._____

2._____

3._____

Metas a Largo Plazo – Veinte años   *Día Creado:*_____

1._____

2._____

3._____

Metas a Largo Plazo – Cincuenta años   *Día Creado:*_____

1._____

2._____

3._____

Salmos 119:105 (RVR1960) Lámpara es a mis pies tu palabra, Y lumbrera a mi camino.

© 2012 Mighty Eagle Publishing Todos los Derechos Reservados.
www.mightyeagle.com   www.doctordanieldaves.com

METAS VOCACIONALES: Continuación...

Notas:

Salmos 119:105 (RVR1960) Lámpara es a mis pies tu palabra, Y lumbrera a mi camino.

© 2012 Mighty Eagle Publishing Todos los Derechos Reservados.
www.mightyeagle.com   www.doctordanieldaves.com

Notas Diarias: *(Recuerde ponerle fecha a las notas)*

Habacuc 2:2 "Y Jehová me respondió, y dijo: Escribe la visión, y declárala en tablas, para que corra el que leyere en ella".

Notas Diarias: *(Recuerde ponerle fecha a las notas)*

Salmos 119:105 (RVR1960) Lámpara es a mis pies tu palabra, Y lumbrera a mi camino.

Notas Diarias: *(Recuerde ponerle fecha a las notas)*

Habacuc 2:2 "Y Jehová me respondió, y dijo: Escribe la visión, y declárala en tablas, para que corra el que leyere en ella".

©2012 Mighty Eagle Publishing. Todos los Derechos Reservados.

Notas Diarias: *(Recuerde ponerle fecha a las notas)*

Salmos 119:105 (RVR1960) Lámpara es a mis pies tu palabra, Y lumbrera a mi camino.

©2012 Mighty Eagle Publishing. Todos los Derechos Reservados.

Notas Diarias: *(Recuerde ponerle fecha a las notas)*

Habacuc 2:2 "Y Jehová me respondió, y dijo: Escribe la visión, y decláralo en tablas, para que corra el que leyere en ella".

©2012 Mighty Eagle Publishing. Todos los Derechos Reservados.

Vocacional

Notas Diarias: *(Recuerde ponerle fecha a las notas)*

Salmos 119:105 (RVR1960) Lámpara es a mis pies tu palabra, Y lumbrera a mi camino.

©2012   Mighty Eagle Publishing.   Todos los Derechos Reservados.

Notas Diarias: *(Recuerde ponerle fecha a las notas)*

Habacuc 2:2 "Y Jehová me respondió, y dijo: Escribe la visión, y declárala en tablas, para que corra el que leyere en ella".

Notas Diarias: *(Recuerde ponerle fecha a las notas)*

Salmos 119:105 (RVR1960) Lámpara es a mis pies tu palabra, Y lumbrera a mi camino.

Notas Diarias: *(Recuerde ponerle fecha a las notas)*

Habacuc 2:2 "Y Jehová me respondió, y dijo: Escribe la visión, y declárala en tablas, para que corra el que leyere en ella".

Notas Diarias: *(Recuerde ponerle fecha a las notas)*

Salmos 119:105 (RVR1960) Lámpara es a mis pies tu palabra, Y lumbrera a mi camino.

©2012 Mighty Eagle Publishing. Todos los Derechos Reservados.

Notas Diarias: *(Recuerde ponerle fecha a las notas)*

Habacuc 2:2 "Y Jehová me respondió, y dijo: Escribe la visión, y declárala en tablas, para que corra el que leyere en ella".

Notas Diarias: *(Recuerde ponerle fecha a las notas)*

Salmos 119:105 (RVR1960) Lámpara es a mis pies tu palabra, Y lumbrera a mi camino.

©2012 Mighty Eagle Publishing. Todos los Derechos Reservados.

Notas Diarias: *(Recuerde ponerle fecha a las notas)*

Habacuc 2:2 "Y Jehová me respondió, y dijo: Escribe la visión, y declárala en tablas, para que corra el que leyere en ella".

Notas Diarias: *(Recuerde ponerle fecha a las notas)*

Salmos 119:105 (RVR1960) Lámpara es a mis pies tu palabra, Y lumbrera a mi camino.

©2012 Mighty Eagle Publishing. Todos los Derechos Reservados.

Notas Diarias: *(Recuerde ponerle fecha a las notas)*

Habacuc 2:2 "Y Jehová me respondió, y dijo: Escribe la visión, y declárala en tablas, para que corra el que leyere en ella".

©2012 Mighty Eagle Publishing. Todos los Derechos Reservados.

Notas Diarias: *(Recuerde ponerle fecha a las notas)*

Salmos 119:105 (RVR1960) Lámpara es a mis pies tu palabra, Y lumbrera a mi camino.

©2012 Mighty Eagle Publishing. Todos los Derechos Reservados.

Notas Diarias: *(Recuerde ponerle fecha a las notas)*

Habacuc 2:2 "Y Jehová me respondió, y dijo: Escribe la visión, y declárala en tablas, para que corra el que leyere en ella".

©2012 Mighty Eagle Publishing. Todos los Derechos Reservados.

Notas Diarias: *(Recuerde ponerle fecha a las notas)*

Salmos 119:105 (RVR1960) Lámpara es a mis pies tu palabra, Y lumbrera a mi camino.

©2012 Mighty Eagle Publishing. Todos los Derechos Reservados.

Notas Diarias: *(Recuerde ponerle fecha a las notas)*

Habacuc 2:2 "Y Jehová me respondió, y dijo: Escribe la visión, y declárala en tablas, para que corra el que leyere en ella".

Notas Diarias: *(Recuerde ponerle fecha a las notas)*

Salmos 119:105 (RVR1960) Lámpara es a mis pies tu palabra, Y lumbrera a mi camino.

©2012 Mighty Eagle Publishing. Todos los Derechos Reservados.

Notas Diarias: *(Recuerde ponerle fecha a las notas)*

Habacuc 2:2 "Y Jehová me respondió, y dijo: Escribe la visión, y declárala en tablas, para que corra el que leyere en ella".

©2012   Mighty Eagle Publishing.   Todos los Derechos Reservados.

Vocacional

Notas Diarias: *(Recuerde ponerle fecha a las notas)*

Salmos 119:105 (RVR1960) Lámpara es a mis pies tu palabra, Y lumbrera a mi camino.

©2012 Mighty Eagle Publishing. Todos los Derechos Reservados.

Notas Diarias: *(Recuerde ponerle fecha a las notas)*

Habacuc 2:2 "Y Jehová me respondió, y dijo: Escribe la visión, y declárala en tablas, para que corra el que leyere en ella".

Notas Diarias: *(Recuerde ponerle fecha a las notas)*

Salmos 119:105 (RVR1960) Lámpara es a mis pies tu palabra, Y lumbrera a mi camino.

©2012 Mighty Eagle Publishing. Todos los Derechos Reservados.

MARITAL Y FAMILIAR

Sus Provincias En El Reino

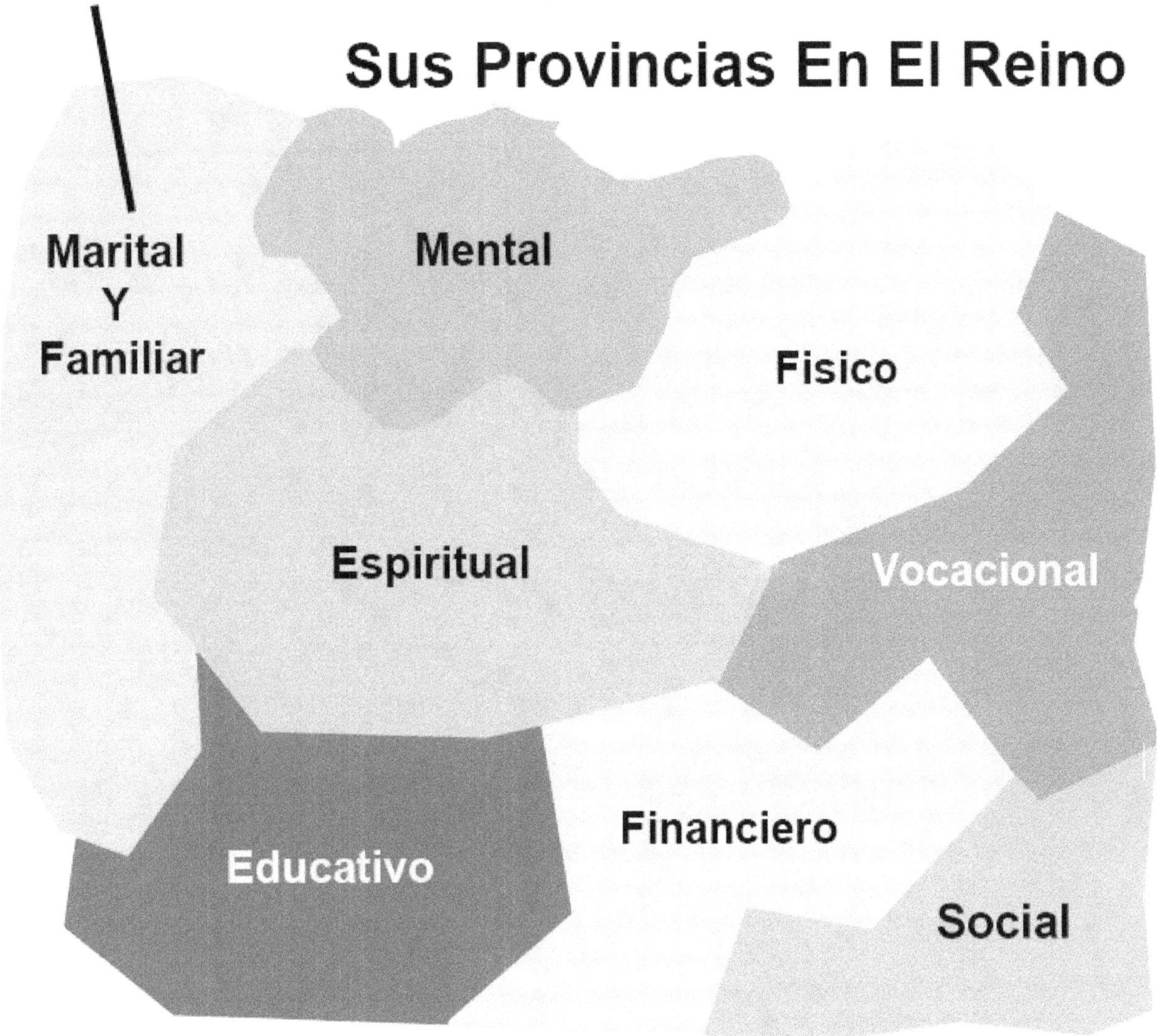

- Marital Y Familiar
- Mental
- Espiritual
- Fisico
- Vocacional
- Educativo
- Financiero
- Social

Habacuc 2:2 "Y Jehová me respondió, y dijo: Escribe la visión, y declárala en tablas, para que corra el que leyere en ella".

Salmos 37:4-6 (RVR1960) Deléitate asimismo en Jehová, Y él te concederá las peticiones de tu corazón. Encomienda a Jehová tu camino, Y confía en él; y él hará. Exhibirá tu justicia como la luz, Y tu derecho como el mediodía

Palabras clave que pueden ayudarle con sus metas: Unión, Consejero, Compañero, Citas, Normas, Costumbres, Sacrificio, Sumisión, Amor, Lazo, Compromiso, Boda, Unidad, Fuerza, Dar

METAS MARITALES: Corto, Mediano y Largo Plazo

Cree sus metas y objetivos ahora. Modifíquelos durante todo el año, conforme camine a través de la Palabra de Dios y la meditación diaria.

Metas a Corto Plazo – Un año o menos   *Día Creado:*_____

1._____
2._____
3._____

Metas a Mediano Plazo – Cinco años   *Día Creado:*_____

1._____
2._____
3._____

Metas a Largo Plazo – Diez años   *Día Creado:*_____

1._____
2._____
3._____

Metas a Largo Plazo – Veinte años   *Día Creado:*_____

1._____
2._____
3._____

Metas a Largo Plazo – Cincuenta años   *Día Creado:*_____

1._____
2._____
3._____

Salmos 119:105 (RVR1960) Lámpara es a mis pies tu palabra, Y lumbrera a mi camino.

© 2012 Mighty Eagle Publishing Todos los Derechos Reservados.
www.mightyeagle.com   www.doctordanieldaves.com

METAS MARITALES: Continuación. . .

Notas:

Salmos 119:105 (RVR1960) Lámpara es a mis pies tu palabra, Y lumbrera a mi camino.

Notas Diarias: *(Recuerde ponerle fecha a las notas)*

Habacuc 2:2 "Y Jehová me respondió, y dijo: Escribe la visión, y declárala en tablas, para que corra el que leyere en ella".

©2012 Mighty Eagle Publishing. Todos los Derechos Reservados.

Marital

Notas Diarias: *(Recuerde ponerle fecha a las notas)*

Salmos 119:105 (RVR1960) Lámpara es a mis pies tu palabra, Y lumbrera a mi camino.

©2012   Mighty Eagle Publishing.   Todos los Derechos Reservados.

Notas Diarias: *(Recuerde ponerle fecha a las notas)*

Habacuc 2:2 "Y Jehová me respondió, y dijo: Escribe la visión, y declárala en tablas, para que corra el que leyere en ella".

©2012 Mighty Eagle Publishing. Todos los Derechos Reservados.

Notas Diarias: *(Recuerde ponerle fecha a las notas)*

Salmos 119:105 (RVR1960) Lámpara es a mis pies tu palabra, Y lumbrera a mi camino.

Notas Diarias: *(Recuerde ponerle fecha a las notas)*

Habacuc 2:2 "Y Jehová me respondió, y dijo: Escribe la visión, y declárala en tablas, para que corra el que leyere en ella".

©2012 Mighty Eagle Publishing. Todos los Derechos Reservados.

Marital

Notas Diarias: *(Recuerde ponerle fecha a las notas)*

Salmos 119:105 (RVR1960) Lámpara es a mis pies tu palabra, Y lumbrera a mi camino.

©2012 Mighty Eagle Publishing. Todos los Derechos Reservados.

Notas Diarias: *(Recuerde ponerle fecha a las notas)*

Habacuc 2:2 "Y Jehová me respondió, y dijo: Escribe la visión, y declárala en tablas, para que corra el que leyere en ella".

Notas Diarias: *(Recuerde ponerle fecha a las notas)*

Salmos 119:105 (RVR1960) Lámpara es a mis pies tu palabra, Y lumbrera a mi camino.

Notas Diarias: *(Recuerde ponerle fecha a las notas)*

Habacuc 2:2 "Y Jehová me respondió, y dijo: Escribe la visión, y declárala en tablas, para que corra el que leyere en ella".

©2012 Mighty Eagle Publishing. Todos los Derechos Reservados.

Marital

Notas Diarias: *(Recuerde ponerle fecha a las notas)*

Salmos 119:105 (RVR1960) Lámpara es a mis pies tu palabra, Y lumbrera a mi camino.

©2012   Mighty Eagle Publishing.   Todos los Derechos Reservados.

Notas Diarias: *(Recuerde ponerle fecha a las notas)*

Habacuc 2:2 "Y Jehová me respondió, y dijo: Escribe la visión, y declárala en tablas, para que corra el que leyere en ella".

©2012 Mighty Eagle Publishing. Todos los Derechos Reservados.

Notas Diarias: *(Recuerde ponerle fecha a las notas)*

Salmos 119:105 (RVR1960) Lámpara es a mis pies tu palabra, Y lumbrera a mi camino.

Notas Diarias: *(Recuerde ponerle fecha a las notas)*

Habacuc 2:2 "Y Jehová me respondió, y dijo: Escribe la visión, y declárala en tablas, para que corra el que leyere en ella".

©2012 Mighty Eagle Publishing. Todos los Derechos Reservados.

Notas Diarias: *(Recuerde ponerle fecha a las notas)*

Salmos 119:105 (RVR1960) Lámpara es a mis pies tu palabra, Y lumbrera a mi camino.

Notas Diarias: *(Recuerde ponerle fecha a las notas)*

Habacuc 2:2 "Y Jehová me respondió, y dijo: Escribe la visión, y declárala en tablas, para que corra el que leyere en ella".

©2012 Mighty Eagle Publishing. Todos los Derechos Reservados.

Notas Diarias: *(Recuerde ponerle fecha a las notas)*

Salmos 119:105 (RVR1960) Lámpara es a mis pies tu palabra, Y lumbrera a mi camino.

©2012 Mighty Eagle Publishing. Todos los Derechos Reservados.

Notas Diarias: *(Recuerde ponerle fecha a las notas)*

Habacuc 2:2 "Y Jehová me respondió, y dijo: Escribe la visión, y declárala en tablas, para que corra el que leyere en ella".

©2012 Mighty Eagle Publishing. Todos los Derechos Reservados.

Notas Diarias: *(Recuerde ponerle fecha a las notas)*

Salmos 119:105 (RVR1960) Lámpara es a mis pies tu palabra, Y lumbrera a mi camino.

©2012 Mighty Eagle Publishing. Todos los Derechos Reservados.

Notas Diarias: *(Recuerde ponerle fecha a las notas)*

Habacuc 2:2 "Y Jehová me respondió, y dijo: Escribe la visión, y declárala en tablas, para que corra el que leyere en ella".

Notas Diarias: *(Recuerde ponerle fecha a las notas)*

Salmos 119:105 (RVR1960) Lámpara es a mis pies tu palabra, Y lumbrera a mi camino.

©2012 Mighty Eagle Publishing. Todos los Derechos Reservados.

Notas Diarias: *(Recuerde ponerle fecha a las notas)*

Habacuc 2:2 "Y Jehová me respondió, y dijo: Escribe la visión, y declárala en tablas, para que corra el que leyere en ella".

Notas Diarias: *(Recuerde ponerle fecha a las notas)*

Salmos 119:105 (RVR1960) Lámpara es a mis pies tu palabra, Y lumbrera a mi camino.

©2012 Mighty Eagle Publishing. Todos los Derechos Reservados.

Notas Diarias: *(Recuerde ponerle fecha a las notas)*

Habacuc 2:2 "Y Jehová me respondió, y dijo: Escribe la visión, y declárala en tablas, para que corra el que leyere en ella".

Notas Diarias: *(Recuerde ponerle fecha a las notas)*

Salmos 119:105 (RVR1960) Lámpara es a mis pies tu palabra, Y lumbrera a mi camino.

©2012 Mighty Eagle Publishing. Todos los Derechos Reservados.

FINANCIERO - FINANCIERO - FINANCIERO – FINANCIERO - FINANCIERO

Sus Provincias En El Reino

- Marital Y Familiar
- Mental
- Fisico
- Espiritual
- Vocacional
- Educativo
- Financiero
- Social

FINANCIERO

Habacuc 2:2 "Y Jehová me respondió, y dijo: Escribe la visión, y declárala en tablas, para que corra el que leyere en ella".

© 2012 Mighty Eagle Publishing Todos los Derechos Reservados.
www.mightyeagle.com   www.doctordanieldaves.com

Proverbios 13:22 (RVR1960) El bueno dejará herederos a los hijos de sus hijos; Pero la riqueza del pecador está guardada para el justo.

Palabras clave que pueden ayudarle con sus metas: Dinero, Ahorros, Portafolios, Educación Financiera, Presupuesto, Banco, Créditos, Auto control, Diezmo, Ofrendas, Dar, Viudas, Huérfanos, Necesitados, Economía, Inversión, Empresas, Gestión, Comercio, Inventos, Jubilación, Riqueza, Realeza, Recompensa, Adjudicación. Fuentes de ingresos, Libertad, Administrar El tiempo

"Al establecer sus metas financieras, la mayoría de sus decisiones futuras sobre el dinero ya se habrán tomado."

– Gene Strite, Autor
www.genestrite.com

©2012 Mighty Eagle Publishing. Todos los Derechos Reservados.

METAS FINANCIERAS: Corto, Mediano y Largo Plazo

Cree sus metas y objetivos ahora. Modifíquelos durante todo el año, conforme camine a través de la Palabra de Dios y la meditación diaria.

Metas a Corto Plazo – Un año o menos   *Día Creado:*_____

   1._____
   2._____
   3._____

Metas a Mediano Plazo – Cinco años   *Día Creado:*_____

   1._____
   2._____
   3._____

Metas a Largo Plazo – Diez años   *Día Creado:*_____

   1._____
   2._____
   3._____

Metas a Largo Plazo – Veinte años   *Día Creado:*_____

   1._____
   2._____
   3._____

Metas a Largo Plazo – Cincuenta años   *Día Creado:*_____

   1._____
   2._____
   3._____

Salmos 119:105 (RVR1960) Lámpara es a mis pies tu palabra, Y lumbrera a mi camino.

© 2012 Mighty Eagle Publishing Todos los Derechos Reservados.
www.mightyeagle.com   www.doctordanieldaves.com

METAS FINANCIERAS: Continuación...

Notas:

Salmos 119:105 (RVR1960) Lámpara es a mis pies tu palabra, Y lumbrera a mi camino.

© 2012 Mighty Eagle Publishing Todos los Derechos Reservados.
www.mightyeagle.com   www.doctordanieldaves.com

Notas Diarias: *(Recuerde ponerle fecha a las notas)*

Habacuc 2:2 "Y Jehová me respondió, y dijo: Escribe la visión, y declárala en tablas, para que corra el que leyere en ella".

©2012 Mighty Eagle Publishing. Todos los Derechos Reservados.

Notas Diarias: *(Recuerde ponerle fecha a las notas)*

Salmos 119:105 (RVR1960) Lámpara es a mis pies tu palabra, Y lumbrera a mi camino.

©2012 Mighty Eagle Publishing. Todos los Derechos Reservados.

Notas Diarias: *(Recuerde ponerle fecha a las notas)*

Habacuc 2:2 "Y Jehová me respondió, y dijo: Escribe la visión, y declárala en tablas, para que corra el que leyere en ella".

©2012   Mighty Eagle Publishing.   Todos los Derechos Reservados.

Notas Diarias: *(Recuerde ponerle fecha a las notas)*

Salmos 119:105 (RVR1960) Lámpara es a mis pies tu palabra, Y lumbrera a mi camino.

©2012 Mighty Eagle Publishing.   Todos los Derechos Reservados.

Notas Diarias: *(Recuerde ponerle fecha a las notas)*

Habacuc 2:2 "Y Jehová me respondió, y dijo: Escribe la visión, y declárala en tablas, para que corra el que leyere en ella".

©2012 Mighty Eagle Publishing. Todos los Derechos Reservados.

Notas Diarias: *(Recuerde ponerle fecha a las notas)*

Salmos 119:105 (RVR1960) Lámpara es a mis pies tu palabra, Y lumbrera a mi camino.

©2012 Mighty Eagle Publishing. Todos los Derechos Reservados.

Notas Diarias: *(Recuerde ponerle fecha a las notas)*

Habacuc 2:2 "Y Jehová me respondió, y dijo: Escribe la visión, y declárala en tablas, para que corra el que leyere en ella".

©2012 Mighty Eagle Publishing. Todos los Derechos Reservados.

Notas Diarias: *(Recuerde ponerle fecha a las notas)*

Salmos 119:105 (RVR1960) Lámpara es a mis pies tu palabra, Y lumbrera a mi camino.

©2012 Mighty Eagle Publishing. Todos los Derechos Reservados.

Notas Diarias: *(Recuerde ponerle fecha a las notas)*

Habacuc 2:2 "Y Jehová me respondió, y dijo: Escribe la visión, y declárala en tablas, para que corra el que leyere en ella".

©2012 Mighty Eagle Publishing. Todos los Derechos Reservados.

Notas Diarias: *(Recuerde ponerle fecha a las notas)*

Salmos 119:105 (RVR1960) Lámpara es a mis pies tu palabra, Y lumbrera a mi camino.

©2012 Mighty Eagle Publishing. Todos los Derechos Reservados.

Notas Diarias: *(Recuerde ponerle fecha a las notas)*

Habacuc 2:2 "Y Jehová me respondió, y dijo: Escribe la visión, y declárala en tablas, para que corra el que leyere en ella".

Notas Diarias: *(Recuerde ponerle fecha a las notas)*

Salmos 119:105 (RVR1960) Lámpara es a mis pies tu palabra, Y lumbrera a mi camino.

©2012 Mighty Eagle Publishing. Todos los Derechos Reservados.

Notas Diarias: *(Recuerde ponerle fecha a las notas)*

Habacuc 2:2 "Y Jehová me respondió, y dijo: Escribe la visión, y declárala en tablas, para que corra el que leyere en ella".

©2012   Mighty Eagle Publishing.   Todos los Derechos Reservados.

Notas Diarias: *(Recuerde ponerle fecha a las notas)*

Salmos 119:105 (RVR1960) Lámpara es a mis pies tu palabra, Y lumbrera a mi camino.

©2012 Mighty Eagle Publishing. Todos los Derechos Reservados.

Notas Diarias: *(Recuerde ponerle fecha a las notas)*

Habacuc 2:2 "Y Jehová me respondió, y dijo: Escribe la visión, y declárala en tablas, para que corra el que leyere en ella".

©2012 Mighty Eagle Publishing. Todos los Derechos Reservados.

Notas Diarias: *(Recuerde ponerle fecha a las notas)*

Notas Diarias: *(Recuerde ponerle fecha a las notas)*

Habacuc 2:2 "Y Jehová me respondió, y dijo: Escribe la visión, y declárala en tablas, para que corra el que leyere en ella".

©2012 Mighty Eagle Publishing. Todos los Derechos Reservados.

Notas Diarias: *(Recuerde ponerle fecha a las notas)*

Salmos 119:105 (RVR1960) Lámpara es a mis pies tu palabra, Y lumbrera a mi camino.

Notas Diarias: *(Recuerde ponerle fecha a las notas)*

Habacuc 2:2 "Y Jehová me respondió, y dijo: Escribe la visión, y declárala en tablas, para que corra el que leyere en ella".

©2012 Mighty Eagle Publishing. Todos los Derechos Reservados.

Notas Diarias: *(Recuerde ponerle fecha a las notas)*

Salmos 119:105 (RVR1960) Lámpara es a mis pies tu palabra, Y lumbrera a mi camino.

©2012 Mighty Eagle Publishing. Todos los Derechos Reservados.

Notas Diarias: *(Recuerde ponerle fecha a las notas)*

Habacuc 2:2 "Y Jehová me respondió, y dijo: Escribe la visión, y declárala en tablas, para que corra el que leyere en ella".

Notas Diarias: *(Recuerde ponerle fecha a las notas)*

Salmos 119:105 (RVR1960) Lámpara es a mis pies tu palabra, Y lumbrera a mi camino.

Notas Diarias: *(Recuerde ponerle fecha a las notas)*

Habacuc 2:2 "Y Jehová me respondió, y dijo: Escribe la visión, y declárala en tablas, para que corra el que leyere en ella".

©2012 Mighty Eagle Publishing. Todos los Derechos Reservados.

Financiero

Notas Diarias: *(Recuerde ponerle fecha a las notas)*

Salmos 119:105 (RVR1960) Lámpara es a mis pies tu palabra, Y lumbrera a mi camino.

©2012 Mighty Eagle Publishing. Todos los Derechos Reservados.

DECLARACIÓN DE VEINTICINCO PALABRAS "EL PROPÓSITO DE VIDA".

Instrucciones: Escriba la declaración del propósito de su vida de veinticinco palabras en esta sección. No puede usar más de veinticinco palabras. Agrupe todas sus metas a corto, mediano y largo plazo, que se centren en la declaración. Use cada palabra con sabiduría. Estas son las veinticinco palabras que utilizará para explicar a la gente quién es usted y lo que hace. Está definiendo el núcleo de su vida, usando palabras poderosas. Esta declaración será el motor central de su vida. Se puede modificar de vez en cuando. Sin embargo, usted debe mantener esta declaración delante de usted todos los días de su vida. Cópiela en papel. Péguela en su refrigerador. Póngala en el tablero de su carro. Péguela en el monitor de la computadora. Dese tiempo de calidad con ella. Memorícela y luego actívela.

Primera Determinación: "Propósito De Vida" Enfocado En Veinticinco Palabras

---

Determinación Modificada: "Propósito De Vida" Enfocado En Veinticinco Palabras

---

Lista De Metas Diarias: *(Cosas para Hacer Hoy Para Ir acercándome A Mis Metas)*

Escritura Personal Para Meditar En El Día:_____
_____

Metas Para Alcanzar El Día De Hoy:

1. _____
_____

2. _____
_____

3. _____
_____

4. _____
_____

5. _____
_____

6. _____
_____

7. _____
_____

8. _____
_____

9. _____
_____

10. _____
_____

No Olvide Visitar www.doctordanieldaves.com , Y Visite El Forum De Compass Guide Para **Inspiraciones Diarias.**

Haga Copias De Esta Página Para El Uso Diario

© 2012 Mighty Eagle Publishing   All Rights Reserved
www.mightyeagle.com   www.doctordanieldaves.com

Lista De Metas Diarias: *(Cosas para Hacer Hoy Para Ir acercándome A Mis Metas)*

Escritura Personal Para Meditar En El Día:_____
_____

Metas Para Alcanzar El Día De Hoy:

1. _____
_____

2. _____
_____

3. _____
_____

4. _____
_____

5. _____
_____

6. _____
_____

7. _____
_____

8. _____
_____

9. _____
_____

10. _____
_____

No Olvide Visitar www.doctordanieldaves.com , Y Visite El Forum De Compass Guide Para **Inspiraciones Diarias.**

HAGA COPIAS DE ESTA PAGINA PARA EL USO DIARIO

© 2012 Mighty Eagle Publishing   All Rights Reserved
www.mightyeagle.com   www.doctordanieldaves.com

Lista De Metas Diarias: *(Cosas para Hacer Hoy Para Ir acercándome A Mis Metas)*

Escritura Personal Para Meditar En El Día:_____
_____

Metas Para Alcanzar El Día De Hoy:

1. _____
_____

2. _____
_____

3. _____
_____

4. _____
_____

5. _____
_____

6. _____
_____

7. _____
_____

8. _____
_____

9. _____
_____

10. _____
_____

No Olvide Visitar www.doctordanieldaves.com , Y Visite El Forum De Compass Guide Para Inspiraciones Diarias.

HAGA COPIAS DE ESTA PAGINA PARA EL USO DIARIO

© 2012 Mighty Eagle Publishing   All Rights Reserved
www.mightyeagle.com   www.doctordanieldaves.com

Lista De Metas Diarias: *(Cosas para Hacer Hoy Para Ir acercándome A Mis Metas)*

Escritura Personal Para Meditar En El Día:_____

_____

Metas Para Alcanzar El Día De Hoy:

11. _____

12. _____

13. _____

14. _____

15. _____

16. _____

17. _____

18. _____

19. _____

20. _____

No Olvide Visitar www.doctordanieldaves.com , Y Visite El Forum De Compass Guide Para **Inspiraciones Diarias.**

HAGA COPIAS DE ESTA PAGINA PARA EL USO DIARIO

© 2012 Mighty Eagle Publishing   All Rights Reserved
www.mightyeagle.com   www.doctordanieldaves.com

Lista De Metas Diarias: *(Cosas para Hacer Hoy Para Ir acercándome A Mis Metas)*

Escritura Personal Para Meditar En El Día:_____
_____

Metas Para Alcanzar El Día De Hoy:

1. _____
_____

2. _____
_____

3. _____
_____

4. _____
_____

5. _____
_____

6. _____
_____

7. _____
_____

8. _____
_____

9. _____
_____

10. _____
_____

No Olvide Visitar www.doctordanieldaves.com , Y Visite El Forum De Compass Guide Para **Inspiraciones Diarias.**

Haga Copias De Esta PAgina Para El Uso Diario

© 2012 Mighty Eagle Publishing   All Rights Reserved
www.mightyeagle.com   www.doctordanieldaves.com

Lista De Metas Diarias: *(Cosas para Hacer Hoy Para Ir acercándome A Mis Metas)*

Escritura Personal Para Meditar En El Día:_____
_____

Metas Para Alcanzar El Día De Hoy:

21. _____
_____

22. _____
_____

23. _____
_____

24. _____
_____

25. _____
_____

26. _____
_____

27. _____
_____

28. _____
_____

29. _____
_____

30. _____
_____

No Olvide Visitar www.doctordanieldaves.com , Y Visite El Forum De Compass Guide Para Inspiraciones Diarias.

HAGA COPIAS DE ESTA PAGINA PARA EL USO DIARIO

© 2012 Mighty Eagle Publishing   All Rights Reserved
www.mightyeagle.com   www.doctordanieldaves.com

Lista De Metas Diarias: *(Cosas para Hacer Hoy Para Ir acercándome A Mis Metas)*

Escritura Personal Para Meditar En El Día:_____

_____

Metas Para Alcanzar El Día De Hoy:

1. _____

2. _____

3. _____

4. _____

5. _____

6. _____

7. _____

8. _____

9. _____

10. _____

No Olvide Visitar www.doctordanieldaves.com , Y Visite El Forum De Compass Guide Para Inspiraciones Diarias.

HAGA COPIAS DE ESTA PAGINA PARA EL USO DIARIO

© 2012 Mighty Eagle Publishing   All Rights Reserved
www.mightyeagle.com   www.doctordanieldaves.com

Notas Diarias Adicionales: *(Recuerde ponerle fecha a las notas)*

Habacuc 2:2 "Y Jehová me respondió, y dijo: Escribe la visión, y declárala en tablas, para que corra el que leyere en ella".

©2012 Mighty Eagle Publishing. Todos los Derechos Reservados

Notas Diarias Adicionales: *(Recuerde ponerle fecha a las notas)*

Habacuc 2:2 "Y Jehová me respondió, y dijo: Escribe la visión, y declárala en tablas, para que corra el que leyere en ella".

©2012 Mighty Eagle Publishing.   Todos los Derechos Reservados

Notas Diarias Adicionales: *(Recuerde ponerle fecha a las notas)*

Habacuc 2:2 "Y Jehová me respondió, y dijo: Escribe la visión, y declárala en tablas, para que corra el que leyere en ella".

©2012 Mighty Eagle Publishing.   Todos los Derechos Reservados

Notas Diarias Adicionales: *(Recuerde ponerle fecha a las notas)*

Habacuc 2:2 "Y Jehová me respondió, y dijo: Escribe la visión, y declárala en tablas, para que corra el que leyere en ella".

©2012 Mighty Eagle Publishing. Todos los Derechos Reservados

Notas Diarias Adicionales: *(Recuerde ponerle fecha a las notas)*

Habacuc 2:2 "Y Jehová me respondió, y dijo: Escribe la visión, y declárala en tablas, para que corra el que leyere en ella".

©2012 Mighty Eagle Publishing. Todos los Derechos Reservados

Notas Diarias Adicionales: *(Recuerde ponerle fecha a las notas)*

Habacuc 2:2 "Y Jehová me respondió, y dijo: Escribe la visión, y declárala en tablas, para que corra el que leyere en ella".

©2012   Mighty Eagle Publishing.   Todos los Derechos Reservados

Notas Diarias Adicionales: *(Recuerde ponerle fecha a las notas)*

Habacuc 2:2 "Y Jehová me respondió, y dijo: Escribe la visión, y declárala en tablas, para que corra el que leyere en ella".

©2012 Mighty Eagle Publishing. Todos los Derechos Reservados

Notas Diarias Adicionales: *(Recuerde ponerle fecha a las notas)*

Habacuc 2:2 "Y Jehová me respondió, y dijo: Escribe la visión, y declárala en tablas, para que corra el que leyere en ella".

©2012   Mighty Eagle Publishing.   Todos los Derechos Reservados

Notas Diarias Adicionales: *(Recuerde ponerle fecha a las notas)*

Habacuc 2:2 "Y Jehová me respondió, y dijo: Escribe la visión, y declárala en tablas, para que corra el que leyere en ella".

©2012   Mighty Eagle Publishing.   Todos los Derechos Reservados

Notas Diarias Adicionales: *(Recuerde ponerle fecha a las notas)*

Habacuc 2:2 "Y Jehová me respondió, y dijo: Escribe la visión, y declárala en tablas, para que corra el que leyere en ella".

©2012 Mighty Eagle Publishing. Todos los Derechos Reservados